365 citas para avanzar en la vida espiritual

JACQUES PHILIPPE

365 citas para avanzar en la vida espiritual

EDICIONES RIALP
MADRID

Título original: *365 pour Avancer dans la Vie Spirituelle*

© 2025 *by* Éditions des Béatitudes.
© 2026 de la versión española realizada por
    Miguel Martín
    by EDICIONES RIALP, S. A.,
    Manuel Uribe 13-15, 28033 Madrid
    (www.rialp.com)

Preimpresión: www.produccioneditorial.com

ISBN (edición impresa): 978-84-321-7323-3
ISBN (edición digital): 978-84-321-7324-0
ISBN (edición bajo demanda): 978-84-321-7325-7
ISNI: 0000 0001 0725 313X
Depósito legal: M-699-2026

Impreso en España   *Printed in Spain*

Anzos, S. L. - Fuenlabrada (Madrid)

ÍNDICE

NOTA DEL EDITOR

Me regalaron un librito[1] que me acompañó y alimentó durante todo un año: se trataba de citas de Etty Hillesum, sacadas de escritos suyos, que yo ya había leído.

Era sorprendente redescubrir algunas frases fuera de contexto que tomaban entonces otro color y una fuerza aún mayor.

Hemos pensado que algunos libros del padre Jacques Philippe podrían provocar esta expansión del alma. Sus libros se venden en los cuatro rincones del mundo y están traducidos en unos treinta idiomas.

Lo hemos probado y no nos ha decepcionado el resultado.

¿Cómo es que algunas citas pueden aportar tantos frutos si no es por la acción del Espíritu Santo? Entramos en la longitud, la profundidad y la altura del amor que amplía nuestros horizontes, dilata el corazón y fortalece las almas. Avanzamos en aguas profundas.

Este formato de citas nos permite meditar en cualquier parte en que nos encontremos, para vivir más en la escuela de Cristo, que es el Camino, la Verdad y la Vida.

Gracias al padre Jacques por haber aceptado esta edición.

Sr Marie Costermans
Directora editorial

ENERO

1 enero

«Sean los que sean nuestros esfuerzos, no podemos cambiarnos a nosotros mismos. Solo Dios puede terminar con nuestros defectos, con nuestras limitaciones en el orden del amor; solamente Él tiene un dominio lo bastante profundo de nuestros corazones para ello. Ser conscientes de esto nos evitará gran número de combates inútiles y de desánimos. No tratemos de hacernos santos por nuestras propias fuerzas, sino de encontrar el medio de actuar de modo que Dios nos haga santos»[2].

2 enero

«Considero esencial que cada cristiano descubra que, incluso en las circunstancias externas más adversas, dispone en su interior de un espacio de libertad que nadie puede arrebatarle, porque Dios es su fuente y su garantía [...]. El hombre conquista su libertad interior en la misma medida en que se fortalecen en él la fe, la esperanza y la caridad»[3].

3 enero

«Para permitir que la gracia de Dios actúe en nosotros y (con la cooperación de nuestra voluntad, de nuestra inteligencia y de nuestras aptitudes, por supuesto) produzca todas esas *buenas obras que Dios preparó para que por ellas caminemos* (Ef 2, 10), es de la mayor importancia que nos esforcemos por adquirir y conservar la paz interior, la paz de nuestro corazón»[4].

4 enero

«Aunque cierta iniciativa y cierta actividad del hombre tienen su papel, todo el edificio de la vida de oración descansa en la iniciativa de Dios y en su Gracia. No hay que perderlo nunca de vista, pues […] una de las tentaciones permanentes y a veces más sutiles en la vida espiritual es la de basarla en nuestros propios esfuerzos y no en la misericordia gratuita de Dios»[5].

5 enero

«La pobreza de corazón es, a fin de cuentas, la libertad de recibirlo todo gratuitamente, sin que nuestro "ego", sus pretensiones y reivindicaciones, se interpongan ya. Supone una muerte a sí mismo, un desprendimiento radical, pero que conduce a una transparencia perfecta a la acción de Dios, a la alegría de recibir y de dar libremente»[6].

6 enero

«Día tras día, hago lo que me piden, sin inquietud y sin miedo, segura de que Dios es fiel y me da en cada momento lo que necesito, y sin caer en esta ilusión de que un día podría prescindir de la gracia de Dios»[7].

7 enero

«El secreto de la santidad radica en descubrir que todo podemos obtenerlo de Dios, a condición de saber cómo recibirlo. Es el secreto de la vía de infancia de santa Teresa de Lisieux: Dios tiene un corazón de padre, y podemos obtener infaliblemente lo que necesitamos, si sabemos *ganárnoslo* por el corazón»[8].

8 enero

«La cima de la pureza de corazón es el ejercicio de la misericordia. Nada purifica tanto el corazón del hombre como la misericordia»[9].

9 enero

«Y si la Sabiduría de Dios es incomprensible en sus caminos, y a veces desconcertante en su modo de actuar respecto a nosotros, es la prenda, que será también incomprensible, de lo que prepara para los que esperan en ella y que sobrepasa infinitamente en gloria y belleza a lo que podamos imaginar o concebir»[10].

10 enero

«La mirada que Dios nos dirige nos autoriza plenamente a ser nosotros mismos, con nuestras limitaciones y nuestra incapacidad; nos otorga el "derecho al error" y nos libera de esa especie de angustia u obligación, que no tiene su origen en la voluntad divina, sino en nuestra psicología enferma [...]: la obligación de ser, al fin y al cabo, otra cosa distinta de la que somos»[11].

11 enero

«El mal no puede vencerse más que con el bien, poniendo freno a la difusión del pecado con nuestra devoción, nuestra alegría y nuestra esperanza, haciendo hoy el bien que está en nuestra mano sin preocuparnos del mañana»[12].

12 enero

«Dios no me ama a causa del bien de que soy capaz, o del amor que le tengo, sino que me ama de manera absolutamente incondicional, en virtud de Él mismo, de su misericordia y de su ternura infinita, en virtud de su sola paternidad con respecto a mí»[13].

13 enero

«Cuando se está enfermo, cuando se es una persona anciana, cuando se tiene el sentimiento de no tener mucha capacidad o talento que poner al servicio de la Iglesia, cuando se está tentado de sentirse inútil, hay que acordarse de una cosa: la única realidad indispensable para la Iglesia es el amor»[14].

14 enero

«Cada vez que perdonamos, acumulamos por así decir, el fuego del Espíritu Santo sobre la persona de quien tenemos misericordia, y cuando tenga bastante, este fuego descenderá para fundir y convertir su corazón. Cada acto de misericordia prepara una Pentecostés»[15].

15 enero

«La meditación nos une a Dios a través de conceptos, de imágenes, de sensaciones, pero Dios está por encima de todo ello, y en un momento dado, es preciso abandonarlos para encontrar a Dios en él mismo, más pobremente, pero más esencialmente»[16].

16 enero

«En la pobreza, en el centro de la prueba, el hombre descubre que ningún alimento, ninguna satisfacción o seguridad humana puede ya bastarle. Se ve obligado a dirigir su deseo hacia Dios»[17].

17 enero

«Hay que vivir plenamente cada instante, sin preocuparnos por saber si el tiempo pasa demasiado deprisa o demasiado lento, y aceptando cuanto llega hasta mí en un momento detrás de otro. No olvidemos tampoco que, a la hora de vivir lo cotidiano, Dios no espera de nosotros más que una cosa a la vez. Nunca dos»[18].

18 enero

«Para que [el abandono] sea auténtico y engendre la paz, es preciso que sea pleno; que pongamos todo, sin excepción, en las manos de Dios, no tratando de organizar, de "salvarnos" por nosotros mismos en ningún terreno: material, afectivo o espiritual»[19].

19 enero

«Cualesquiera sean nuestras dificultades, nuestras resistencias, nuestras objeciones, debemos creer firmemente en que todos sin excepción, sabios o ignorantes, justos o pecadores, personas equilibradas o profundamente dañadas, estamos llamados a cierta vida de oración en la que Dios se comunicará con nosotros. Y como Dios es justo y llama, nos dará las gracias necesarias para perseverar y hacer de esta vida de oración una profunda y maravillosa experiencia de comunión con su vida íntima»[20].

20 enero

«Si profundizamos en nuestra relación con Dios y en nuestra vida de oración de manera que percibamos su presencia en nosotros y vivamos cualquier cosa en la mayor comunión posible con esa presencia que habita en nosotros, acabaremos haciendo un descubrimiento maravilloso: el del tiempo interior, ese ritmo de la gracia que conduce nuestra vida a su más profundo nivel»[21].

21 enero

«Depender de un ser humano puede ser una limitación, pero no lo es depender de Dios, pues en Él no hay límites: es infinito. La única cosa que Dios nos "prohíbe" es lo que nos prohíbe ser libres, lo que impide nuestra realización como personas capaces de amar y de ser amadas libremente, y de encontrar su felicidad en el amor»[22].

22 enero

«La manera más segura de amar a Dios es amar a los que nos rodean. Con delicadeza, aceptándolos tales como son»[23].

23 enero

«La paz es ante todo una cualidad divina. Dios es un océano de paz y cada vez que, por la oración, estamos en unión íntima con él, nuestro corazón recupera la paz. Es a veces urgente y un deber orar hasta que vuelva la paz»[24].

24 enero

«Esta es la oración más pobre, pero la más profunda: un simple acto de amor por encima de cualquier palabra, de todo pensamiento. Hemos de tender a esa sencillez. En definitiva, nuestra oración no debía ser más que eso: sin palabras, sin pensamientos, sin una serie de actos particulares y distintos, ¡sino un único y sencillo acto de amor!»[25].

25 enero

«Existen efusiones del Espíritu que iluminan y revelan; efusiones del Espíritu que expolian y empobrecen; efusiones del Espíritu que confirman y fortalecen. Las tres son necesarias: las primeras para hacer brotar la fe, las segundas para enseñar la esperanza, las terceras para comunicar la valentía de amar»[26].

26 enero

«Con frecuencia nos inquietamos y nos alteramos pretendiendo resolver todas las cosas por nosotros mismos, mientras que sería mucho más eficaz permanecer tranquilos bajo la mirada de Dios y dejar que Él actúe en nosotros con su sabiduría y su poder infinitamente superiores»[27].

27 enero

«El corazón puro no cuenta consigo mismo ni con cálculos humanos, sino que lo espera todo de Dios con absoluta confianza, y solo de Él. [...] Quien tiene un corazón puro verá a Dios, lo contemplará en la eternidad; pero ya en este mundo verá también actuar a Dios: Él responderá a su esperanza e intervendrá en su favor. Quien en Dios espera, no será defraudado»[28].

28 enero

«Por sí sola, una gotita del bálsamo del Espíritu Santo puede llenar nuestro corazón de un contento mayor que todos los bienes de la tierra, porque participa de la infinitud de Dios»[29].

29 enero

«La fidelidad a estar presentes ante Dios garantiza nuestra capacidad de estar presentes ante los demás y de amarlos realmente. La experiencia nos lo demuestra: junto a las almas de oración encontramos el amor más atento, más delicado, más desinteresado, más sensible al dolor de los otros, más capaz de consolar y reconfortar»[30].

30 enero

«Al pobre que confía en Él, Dios se entrega él mismo en alimento. Este hermoso misterio encuentra su cumplimiento supremo en la Eucaristía. Para apreciar verdaderamente la Eucaristía y recibirla en toda su riqueza es preciso un corazón de pobre»[31].

31 enero

«Creo que no somos realmente capaces de aceptarnos a nosotros mismos si no es bajo la mirada de Dios. Para amarnos necesitamos de una mediación, de la mirada de alguien que, como el Señor por boca de Isaías, nos diga: *Eres a mis ojos de muy gran estima, de gran precio y te amo*" (Is 43, 4)»[32].

FEBRERO

1 febrero

«Solo un corazón en paz es capaz de amar verdaderamente. Esforzarse por conservar la paz de nuestro corazón, luchar contra la inquietud, el desorden, la agitación de espíritu, son condiciones indispensables para dejar a Dios actuar, y así crecer en el amor y dar a nuestra vida la fecundidad a la que todos somos llamados. Añadamos que solamente en la paz tenemos un buen discernimiento»[33].

2 febrero

«Independientemente de lo que podamos sentir o no sentir, sabemos por la fe, a ciencia cierta, que Dios habita en el fondo de nuestro corazón: *"¿No sabéis que vuestro cuerpo es templo del Espíritu Santo?"*, dice san Pablo (1 Co 6, 19)»[34].

3 febrero

«Cuanto más serena y tranquila está [nuestra alma], más se refleja Dios en ella, más se imprime su imagen en nosotros, mayor es la actuación de su gracia»[35].

4 febrero

«Cuando vivimos de acuerdo con este tiempo interior, experimentamos cómo nada está dejado al azar. Aunque caminemos a menudo en la oscuridad y lo desconocido, presentimos y constatamos que nuestra vida transcurre según un ritmo que nos excede y no dominamos, pero en el que nos abandonamos gustosos; que nos lleva más allá de nosotros mismos, pero en el que todos los acontecimientos discurren de acuerdo con una sabiduría infinita»[36].

5 febrero

«El pobre no tiene más apoyo, seguridades humanas, pero si se vuelve hacia Dios, este se convierte en su refugio y su descanso»[37].

6 febrero

«El ser humano manifiesta tan gran ansia de libertad porque su aspiración fundamental es la aspiración a la felicidad, y porque comprende que no existe felicidad sin amor, ni amor sin libertad»[38].

7 febrero

«Cada uno es absolutamente único para Dios. La santidad no consiste en la práctica de un determinado modelo de perfección que sería idéntico para todos: es el brote de una realidad absolutamente única, que solo Dios conoce y que solo Él sabe eclosionar. Nosotros ignoramos en qué consiste nuestra propia santidad, eso no se desvela más que a lo largo del camino, y con frecuencia es algo bien distinto de lo que podríamos imaginar»[39].

8 febrero

«La llamada a la oración, a la vida mística, a la unión con Dios en la oración, es tan universal como la llamada a la santidad, porque una no va sin la otra. No hay absolutamente nadie excluido»[40].

9 febrero

«Una de las formas de la pobreza interior que debemos aceptar es experimentar que no somos dueños de los tiempos y momentos, que no podemos manipular a Dios, obligarle a entrar en nuestros planes y previsiones. Su intervención sigue siendo libre y soberana, imprevisible»[41].

10 febrero

«La experiencia muestra que las personas que progresan más en la vida espiritual no son forzosamente las más virtuosas o las más dotadas, sino las que tienen mayor exigencia de verdad sobre ellas mismas y ponen medios concretos para estar en verdad ante Dios»[42].

11 febrero

«El Señor nos pide únicamente una actitud de desprendimiento en el corazón, una disposición a darlo todo, pero no necesariamente toma "todo": nos deja la posesión sosegada de muchas cosas, siempre que puedan servir a sus designios y no sean malas en sí mismas. Sabe también tranquilizarnos ante los escrúpulos que eventualmente podríamos sentir por disfrutar de ciertos bienes o de determinadas satisfacciones humanas, un escrúpulo frecuente entre los que aman al Señor y quieren hacer su voluntad»[43].

12 febrero

«Cualquiera que sea nuestro estado de aridez, nuestra miseria, la impresión de que Dios está ausente, incluso de que nos abandona, nunca debemos dudar de esa presencia amante y acogedora de Dios junto al que reza. *Al que viene a mí, no lo echaré fuera*" (Jn 6, 37)»[44].

13 febrero

«Lo que Dios quiere es siempre diferente, siempre desconcertante, pero a fin de cuentas, infinitamente más hermoso, pues solo Dios es capaz de crear obras maestras, absolutamente únicas, mientras que el hombre solo sabe imitar»[45].

14 febrero

«Si es cierto que solo el amor puede colmarlo [al hombre], también lo es que no existe amor sin libertad: un amor que proceda de la coacción, del interés o de la simple satisfacción de una necesidad no merece ser llamado amor. El amor no se cobra ni se compra. El verdadero amor, y por lo tanto el amor dichoso, solo existe entre personas que disponen libremente de ellas mismas para entregarse al otro»[46].

15 febrero

«Perdonar significa lo siguiente: a pesar de que esta persona me ha hecho daño, yo no quiero condenarla, ni identificarla con su falta, ni tomarme la justicia por mi mano [...] Es más, no quiero reducir a quien me ha ofendido a un juicio definitivo e inapelable; sino que lo miro con ojos esperanzados, creo que algo en él puede dar un giro y cambiar, y continúo queriendo su bien. Creo también que del mal que me ha hecho, aunque humanamente parezca irremediable, Dios puede obtener un bien...»[47].

16 febrero

«El primer paso de la humildad es reconocer que no la tenemos. Cuanto más profundo es el encuentro con Dios, más humilde se hace el hombre [...]. La humildad es la señal de la verdadera experiencia de Dios»[48].

17 febrero

«El auténtico combate espiritual, más que la lucha por una victoria definitiva o por una infalibilidad totalmente fuera de nuestro alcance, consiste sobre todo en aprender a aceptar nuestros ocasionales fallos sin desanimarnos, a no perder la paz del corazón cuando caemos lamentablemente, a no entristecernos en exceso por nuestras derrotas, y a saber aprovechar nuestros fracasos para saltar más arriba... Eso es siempre posible, a condición de que no nos angustiemos y conservemos la paz»[49].

18 febrero

«A cualquiera se le alienta mejor hacia la conversión y el crecimiento espiritual animándolo con lo positivo, que insistiendo en cada uno de sus errores. El bien posee más consistencia y entidad que el mal, y su impulso es capaz de hacerlo triunfar sobre este último»[50].

19 febrero

«El hombre, en la medida en que profundiza en su encuentro con Dios, descubre la humildad extraordinaria de Dios, que baja hasta él, habla su lenguaje, se pone a la altura de la debilidad humana. Solo Dios es verdaderamente humilde, solo Dios es capaz de anonadarse, como vemos en el misterio de Cristo»[51].

20 febrero

«Teresa [de Lisieux] vive inmersa en grandes horizontes: los de la misericordia infinita de Dios y su ilimitado deseo de amor. Se siente como una reina con el mundo a sus pies, porque todo lo puede conseguir de Dios y, a través del amor, llegar a cualquier punto del universo en el que un misionero necesite de su oración y su sacrificio»[52].

21 febrero

«¡A veces, Dios nos hiere más eficazmente dejándonos en nuestra pobreza que sanándonos! En efecto, Dios no pretende tanto hacernos perfectos como unirnos a Él. Cierta perfección —según la imagen que solemos hacernos de ella...— nos haría autosuficientes e independientes; por el contrario, estar heridos nos vuelve pobres pero nos pone en comunicación con Él»[53].

22 febrero

«No hay amor verdadero y durable más que entre dos pobres de corazón. Los ricos están siempre en competencia, en concurrencia. Solo los pobres saben amarse y acogerse. Dios se hizo pobre porque Él es amor»[54].

23 febrero

«Antes de que nos pongamos en su presencia, Dios ya está ahí, porque es Él quien nos invita a encontrarle; Él, que es nuestro Padre, nos espera y trata de entrar en comunión con nosotros más de lo que lo pretendemos por nuestra parte. Dios nos desea infinitamente más de lo que nosotros le deseamos a Él»[55].

24 febrero

«Dios nos llama a la perfección, pero no es perfeccionista. Y la perfección no se alcanza tanto por la *identificación exterior con un ideal,* como por *la fidelidad interior a unas inspiraciones*»[56].

25 febrero

«Debemos tomar valientemente y cada día la cruz en pos de Cristo, y antes o después su amargura se transformará en inmensa dulzura»[57].

26 febrero

«Cuando se es humilde, cuando se acepta la propia pequeñez, no nos desanimamos, pues se pone la confianza en Dios y no en sí mismo»[58].

27 febrero

«El objeto fundamental del combate espiritual, hacia el que debe tender prioritariamente nuestro esfuerzo, no es conseguir siempre la victoria (sobre nuestras tentaciones o nuestras debilidades), sino, más bien, aprender a conservar la paz del corazón en cualquier circunstancia, incluso en caso de derrota. Solo así podremos alcanzar el otro objetivo, que consiste en la eliminación de nuestras caídas, defectos, imperfecciones y pecados»[59].

28 febrero

«No hay que fijarse en la calidad de la oración; hay que fijarse ante todo en la fidelidad en la oración. La calidad será fruto de la fidelidad. Un rato de oración árida, pobre, distraída, relativamente breve, pero mantenida fielmente a diario, es más valiosa y será mucho más fecunda para nuestro avance que largas oraciones inflamadas hechas de tarde en tarde cuando nos favorecen las circunstancias»[60].

29 febrero

«En ocasiones, una mínima obediencia a Dios puede alcanzarnos un progreso espiritual mayor que el que logramos tras años de unos esfuerzos que nos hemos fijado. La fidelidad a las gracias pequeñas atrae a las grandes»[61].

MARZO

1 marzo

«El Señor no permite nunca un tiempo de prueba que no vaya dirigido a concedernos a continuación una gracia más abundante»[62].

2 marzo

«A menudo nos sentimos angustiados por nuestra situación, por nuestra familia o nuestro entorno. No obstante, quizá el problema resida fuera: ciertamente, es en nuestros corazones donde nos angustiamos, ahí está el origen de nuestra falta de libertad. Si amáramos más, el amor daría una dimensión infinita a nuestras vidas y nunca volveríamos a sentirnos oprimidos»[63].

3 marzo

«Existe un principio fundamental que debe guiarnos cuando experimentemos a diario nuestras miserias y nuestras caídas: no se trata tanto de hacer unos esfuerzos sobrehumanos para eliminar totalmente nuestros defectos y pecados —¡algo que, en

cualquier caso, está fuera de nuestro alcance!—,
sino de recuperar lo antes posible la paz, evitando la
tristeza y el desaliento»[64].

4 marzo

«Obtendremos la gracia de ser fieles en las cosas
importantes —lo que por el momento nos resulta
imposible— a fuerza de ser fieles en las cosas
pequeñas a nuestro alcance, sobre todo cuando
esas cosas pequeñas son las que nos pide el Espíritu
Santo llamando a nuestro corazón por medio de sus
inspiraciones»[65].

5 marzo

«Si me ocupo prioritariamente de mi propia
conversión, aumentará la esperanza de que las cosas
avancen. Vale más buscar la reforma de mi corazón
que la del mundo o la Iglesia: será más fecundo para
todos»[66].

6 marzo

«Vale más una oración pobre, pero regular y fiel,
que unos momentos de oración sublimes pero
episódicos. Es la fidelidad, y nada más que la
fidelidad, lo que permite obtener toda la maravillosa
fecundidad de la vida de oración»[67].

7 marzo

«Es nuestro corazón el prisionero de su egoísmo o de sus miedos; es él el que debe cambiar y aprender a amar dejándose transformar por el Espíritu Santo. He aquí el único modo de escapar de ese sentimiento de angustia en el que nos encerramos. Quien no sabe amar, siempre se sentirá en desventaja, todo le agobiará; quien sabe amar, no se creerá encerrado en ningún sitio»[68].

8 marzo

«Para resistir a los incesantes asaltos del mal y a los pensamientos de desaliento y desconfianza, nuestra oración ha de ser incesante e incansable»[69].

9 marzo

«Esta pobreza de no controlar los tiempos y momentos es dolorosa, pero es la llamada a una esperanza más pura, sin apoyo humano. Engendra poco a poco la paciencia, la humildad, la mansedumbre. Madura el deseo que un día será satisfecho más allá de lo que esperábamos»[70].

10 marzo

«El mal no procede de las circunstancias externas; procede del modo en que reacciona nuestro interior»[71].

11 marzo

«Toda moción divina, al tiempo que es luz para comprender lo que Dios desea, es fuerza para cumplirlo: luz que ilumina la inteligencia, y fuerza que anima a la voluntad»[72].

12 marzo

«El que ama a Dios con absoluta pureza no se inquieta; si la oración le resulta difícil y no obtiene ninguna satisfacción de ella, no hace un drama: ¡se consuela enseguida diciéndose que lo que cuenta es el hecho de dar su tiempo a Dios gratuitamente, de proporcionarle una alegría»[73].

13 marzo

«En los momentos en que estamos pobres, secos, áridos, cuando tenemos el sentimiento de que Dios está lejos, practiquemos obras pequeñas de amor, particularmente en la caridad fraterna, y encontraremos ahí una fuerza. Muy a menudo, es olvidándose de sí para complacer a los demás donde se recupera la fuerza interior»[74].

14 marzo

«Habrá ocasiones en que la fe sea espontánea, pero no debemos olvidar que se trata de un acto, una adhesión voluntaria de nuestra voluntad a la palabra de Dios, que a veces exige un gran esfuerzo. Creer no siempre "sale solo": hay momentos en que es preciso armarse de valor para cortar por lo sano con dudas y vacilaciones. No obstante, no olvidemos que, cuando hacemos un acto de fe, este solo es posible porque *el Espíritu Santo ayuda nuestra debilidad* (Rm 8, 26)»[75].

15 marzo

«La cruz es una realidad cruel y brutal, pero derrama ríos de paz y tranquilidad sobre quienes la contemplan con fe, reconociendo en ella la señal indudable del amor y la fidelidad de Dios»[76].

16 marzo

«Es importante saber distinguir [...] entre el auténtico arrepentimiento, sereno y confiado, y el falso arrepentimiento, los inquietantes remordimientos que nos paralizan»[77].

17 marzo

«El amor, solo él, es capaz de vencer el mal con el bien, de obtener un bien del mal»[78].

18 marzo

«El hombre no agrada a Dios por sus méritos y sus virtudes, sino ante todo por la confianza sin límites que tiene en su misericordia»[79].

19 marzo

«El Espíritu Santo utiliza un "tono de voz" para cada uno, un timbre que le es propio, con una dulzura y una fuerza, una pureza y una claridad especial que, cuando estamos acostumbrados a oírlo, nos permiten reconocerlo casi con toda seguridad»[80].

20 marzo

«Si [...] en nuestro corazón existe una confianza total en Dios, si el fin de nuestra vida no es la búsqueda de nosotros mismos, sino hacer la voluntad de Dios, amarla con todo el corazón y amar al prójimo como a nosotros mismos, es imposible que el mal triunfe en nosotros. El sufrimiento, sí; pero no el mal»[81].

21 marzo

«La mansedumbre con uno mismo es un paso necesario para mostrarse manso con los demás»[82].

22 marzo

«El hombre manifiesta la grandeza de su libertad cuando transforma la realidad, pero más aún cuando acoge confiadamente la realidad que le viene dada día tras día»[83].

23 marzo

«Sin humildad no se puede perseverar en la oración. En efecto, la oración es inevitablemente una experiencia de pobreza, de desprendimiento, de desnudez»[84].

24 marzo

«La docilidad a Dios no hace una marioneta del hombre [...], sino que da paso a todo un ejercicio de la libertad, de la responsabilidad, del espíritu de iniciativa, etc. Pero en lugar de que ese juego de mi libertad sea caótico o esté gobernado por mis deseos superficiales, está orientado por Dios en el sentido que es mejor para mí. Se convierte en una cooperación con la gracia divina, cooperación que no suprime, sino emplea todas mis facultades humanas de voluntad, de inteligencia, de raciocinio, etc.»[85].

25 marzo

«Normalmente, la obediencia al Espíritu nos cuesta en un primer momento, porque choca con nuestros temores, con nuestros apegos, etc., pero, a fin de cuentas, esta obediencia siempre lleva consigo una efusión de gracia que ensancha el corazón, y hace que el alma se sienta libre y feliz al caminar por los caminos del Señor»[86].

26 marzo

«En lugar de lamentarnos y de querer librarnos a toda costa de nuestras imperfecciones, podríamos convertirlas en unas ocasiones espléndidas para avanzar en humildad y confianza en la misericordia de Dios y, como consecuencia, en santidad»[87].

27 marzo

«He aquí una ley paradójica de nuestra existencia: ¡no podemos ser verdaderamente libres si no aceptamos no serlo siempre! [...] quien desea acceder a una verdadera libertad interior, debe entrenarse en la serena y gustosa aceptación de multitud de cosas que parecen ir en contra de su libertad. Aceptar sus limitaciones personales, su fragilidad, su impotencia, esta o aquella situación que la vida le impone, etc.»[88].

28 marzo

«Aceptar tranquilamente su pequeñez, sus limitaciones físicas, sus fragilidades psicológicas, su falta de valentía y de virtud, su dificultad para orar, todas las pobrezas que pueden estar presentes en una existencia, ya sean materiales, psicológicas, o que afectan a la misma vida espiritual. Ser humilde es consentir en la propia pobreza»[89].

29 marzo

«Gracias a la esperanza, podemos recomenzar todas las mañanas y decidirnos a amar; es como una fuente que renueva y purifica sin cesar el corazón y, más allá del cansancio y el hastío, nos proporciona un nuevo vigor para amar»[90].

30 marzo

«El humilde persevera en la vida de oración sin jactancia, sin contar consigo mismo; no considera nada como debido, se cree incapaz de hacer algo por sus propias fuerzas, no le sorprende tener dificultades, debilidades, caídas constantes; pero todo lo soporta serenamente, sin dramatizar, porque pone en Dios toda su esperanza y está seguro de obtener de la misericordia divina todo lo que es incapaz de hacer o merecer por sí mismo»[91].

31 marzo

«Las situaciones que nos hacen crecer de verdad son precisamente aquellas que no dominamos»[92].

ABRIL

1 abril

«Estamos invitados a recibir de Dios la paz que él quiere concedernos, pero no es solo para nosotros mismos, es para que seamos consoladores para todos los que lo necesiten»[93].

2 abril

«Lo que es capaz de satisfacer a nuestros corazones, no son tanto los bienes que recibimos, sino el bien inspirado por Dios que practicamos. Hay más felicidad en dar que en recibir»[94].

3 abril

«La imposibilidad de estar siempre absolutamente seguros de hacer la voluntad divina es una dolorosa desgracia, pero nos protege, nos hace humildes y pequeños, en búsqueda constante, y nos impide apoyarnos en nosotros mismos y alcanzar una falsa seguridad que nos eximiría del abandono»[95].

«Hay una enorme diferencia entre la actitud del corazón del que —por temor a verse desprevenido, y no creyendo en la intervención divina a favor de los que cuentan con ella— programa anticipadamente hasta los menores detalles y solo actúa dentro de la medida exacta de su capacidad actual, y la del que, ciertamente, hace todo lo que es legítimo, pero se abandona confiadamente en Dios para emprender todo lo que le pide y que supera sus posibilidades. ¡Y lo que Dios nos pide está siempre por encima de nuestras posibilidades naturales!»[96].

5 abril

«No hay duda de que si damos gracias a Dios con todo nuestro corazón por cada gracia recibida, en especial por las inspiraciones, Él nos concederá aún más»[97].

6 abril

«No alcanzaremos la profunda y radical purificación del corazón sin la práctica de la oración: podremos conseguir sabiduría y prudencia humanas, pero no la verdadera libertad interior; no llegaremos a captar realmente la profundidad de la misericordia divina y tampoco sabremos darla a conocer a los demás»[98].

7 abril

«Con respecto a la resignación, la aceptación implica una disposición interior muy diferente. La aceptación me lleva a decir "sí" a una realidad percibida en un primer momento como negativa, porque dentro de mí se alza el presentimiento de que algo positivo acabará brotando de ella. En este caso existe, pues, una perspectiva esperanzadora»[99].

8 abril

«Vivir el instante presente supone aceptar una pobreza: renunciar a rehacer el pasado o a dominar el porvenir, contentarse con el hoy. Pero eso es muy liberador»[100].

9 abril

«Decir que Dios es justo significa que es fiel, que su amor no podrá jamás decepcionarnos, que tiene en cuenta lo que somos, nuestra buena voluntad, así como nuestras limitaciones»[101].

10 abril

«Quizá cuando el deseo nos empuja a ello, el amor surja de modo espontáneo, pero muy a menudo amar significa "elegir" amar o "decidir" amar. De otro modo, el amor solo sería emoción, superficialidad o egoísmo, y no lo que esencialmente es, es decir, algo que compromete nuestra libertad»[102].

11 abril

«Si aprendemos a dar nuestro tiempo a Dios, seremos capaces de encontrar tiempo para ocuparnos de los otros. Estando atentos a Dios, aprenderemos a estar atentos a los demás»[103].

12 abril

«Puedo decir sí a lo que soy a pesar de mis fallos, porque me sé amado por Dios; porque confío en que el Señor es capaz de hacer cosas espléndidas con mis miserias»[104].

13 abril

«Tanto en el ámbito de nuestra historia personal como en el de la historia del mundo, Dios es lo bastante bueno y poderoso como para utilizar a favor nuestro todo el mal, cualquiera que sea, y todo el sufrimiento, por absurdo e inútil que parezca. No podemos tener una certeza matemática o filosófica de esto: solo puede ser un acto de fe»[105].

14 abril

«Esa debería ser una de las peticiones que dirigimos a Dios con mayor frecuencia: "Inspírame en todas mis decisiones, y haz que no descuide ninguna de tus inspiraciones"»[106].

15 abril

«Bienaventurado el que permite a Dios reposar en su corazón [...]. Bienaventurado aquel cuyo corazón pacificado se convierte también en un lugar de descanso para sus hermanos, y sabe acogerlos con ternura y bondad»[107].

16 abril

«El pobre de espíritu es quien acepta ser salvado por pura misericordia, y no en virtud de sus méritos u obras personales. Recibe la salvación como una gracia y no como algo merecido, resultado de sus esfuerzos. Se presenta siempre ante Dios con las manos vacías»[108].

17 abril

«El que renuncia a un cuarto de hora de televisión para hacer la oración recibirá el céntuplo en esta vida; el tiempo empleado le será devuelto al céntuplo, no en cantidad, ciertamente, sino en calidad. La oración me dará la gracia de vivir cada instante de mi vida de un modo mucho más fecundo»[109].

18 abril

«Cuanta más confianza tienes en la vida, más agradecerás a Dios por tu camino, aunque muchas cosas no son aún como querrías, más avanzarás. Si das gracias a Dios por lo que ya has recibido, recibirás mucho y verás que tu corazón al final será colmado»[110].

19 abril

«La diferencia decisiva entre la resignación y la aceptación radica en que esta última —incluso si la realidad objetiva en la que me encuentro no varía— la actitud del corazón es muy distinta, pues en él anidan ya —podríamos decir que en estado embrionario— las virtudes de la fe, la esperanza y la caridad»[111].

20 abril

«La pureza es sobre todo una cuestión de orientación: ¿hacia qué, hacia quién se vuelven mi esperanza, mi oración, mi deseo? Nada purifica tanto el corazón del hombre como alabar y bendecir a Dios. Un corazón agradecido es un corazón puro»[112].

21 abril

«Dejarnos guiar por el amor y no por el temor. [...] Debemos fortalecernos sin cesar en el propósito de ser dóciles a Dios, cuidando de que el demonio no se sirva jamás de él para turbarnos con inquietudes o para descorazonarnos cuando se produzcan nuestras inevitables caídas»[113].

22 abril

«En cuanto hay algo de fe, de esperanza y de caridad, automáticamente hay también disponibilidad a la gracia divina, hay acogida de esta gracia y, más pronto o más tarde, hay efectos positivos. La gracia de Dios nunca se da en vano a quien la recibe, sino que resulta siempre extraordinariamente fecunda»[114].

23 abril

«Dios no me ama por mis resultados y mis éxitos, Dios me ama porque ha querido adoptarme como su hijo y eso basta»[115].

24 abril

«Dios puede permitir que algunas veces me falte el dinero, la salud, el talento, las virtudes, pero nunca me faltará Él mismo, su ayuda y su misericordia, y todo lo que me permita acercarme siempre más estrechamente a Él, amarle más intensamente, amar mejor al prójimo y alcanzar la santidad»[116].

25 abril

«Si no sabemos detenernos de vez en cuando, tomarnos unos momentos para no hacer otra cosa que no sea ocuparnos de Él, nos resultará difícil mantener la presencia de Dios mientras trabajamos»[117].

«Si nos dejamos pacificar por Dios creciendo en la fe, la esperanza, el amor, la amistad con Jesús el Príncipe de la Paz, entonces seremos artífices de la paz, verdaderamente pacíficos; podremos ofrecer nuestro corazón como lugar de paz y descanso a quienes el Señor pone en nuestro camino»[118].

27 abril

«En la vida lo más importante no es tanto lo que nosotros podemos hacer como dar cabida a la acción de Dios. El gran secreto de toda fecundidad y crecimiento espiritual es aprender a dejar hacer a Dios»[119].

28 abril

«Si nos ocupamos de Dios, Dios se ocupará de nuestras cosas mejor que nosotros mismos»[120].

29 abril

«Hay que obedecer a Dios más que a los hombres, pero es ilusorio creernos capaces de obedecer a Dios cuando somos incapaces de obedecer a los hombres. En ambos casos hay que superar los mismos obstáculos: el apego a nosotros mismos, a nuestra voluntad propia»[121].

«El combate espiritual del cristiano, aunque en ocasiones sea duro, no es en modo alguno la lucha desesperada del que se debate en medio de la soledad y la ceguera sin ninguna certeza en cuanto al resultado de ese enfrentamiento. Es el combate del que lucha con la absoluta certeza de que ya ha conseguido la victoria, pues el Señor ha resucitado: *"No llores, ha vencido el león de la tribu de Judá"* (Ap 5, 5)»[122].

MAYO

1 mayo

«Con la mirada que posa sobre nosotros, Dios nos invita a la santidad y nos estimula a la conversión y al progreso espiritual, pero sin provocar nunca la angustia de no llegar: esa "presión" que sentimos a veces bajo la mirada de los demás o el modo en que nos juzgamos a nosotros mismos»[123].

2 mayo

«No dejar pasar nunca la ocasión de dar gracias a Dios, incluso por las cosas más pequeñas. No olvidemos tampoco saber decir gracias a los demás, eso los anima mucho y alimenta la comunión con ellos»[124].

3 mayo

«El hombre libre es el que no vive prisionero de sus cambios de humor, sino el que toma decisiones según unas opciones fundamentales que no varían con las circunstancias. La libertad es la capacidad de dejarse guiar por lo que es verdadero y no por la parte epidérmica de nuestro ser»[125].

«Nuestra identidad, nuestro "ser" tiene otro origen distinto de nuestros actos, y mucho más profundo: el amor creador de Dios que nos ha hecho a su imagen y nos ha destinado a vivir siempre con Él, que es el amor que no puede volverse atrás»[126].

5 mayo

«Si Dios nos ve dóciles a los acontecimientos, capaces de aceptar serena y amorosamente lo que nos "imponen" las circunstancias de la vida con un espíritu de confianza filial y de abandono a su voluntad, no hay duda de que multiplicará para nosotros las manifestaciones más personales de su voluntad a través de la acción de su Espíritu, que habla a nuestro corazón»[127].

6 mayo

Aunque no resulta sencillo, hay que saber perdonar a los que nos hagan sufrir o nos decepcionen, e incluso aceptar como un favor o como un beneficio los problemas que nos crean. Esta actitud no es espontánea ni natural, pero sí la más adecuada si queremos conquistar la paz y la libertad interior»[128].

7 mayo

«Ejercitándome en el abandono, adquiero la experiencia concreta de que, efectivamente, "eso funciona", que Dios hace que todo coopere a mi bien, incluso el mal, incluso el dolor e incluso mis propios pecados»[129].

8 mayo

«Dios, en efecto, es "realista". Su gracia no actúa sobre lo imaginario, lo ideal o lo soñado, sino sobre lo real y lo concreto de nuestra existencia. Aunque la trama de mi vida cotidiana no me parezca demasiado gloriosa, no existe ningún otro lugar en el que pueda dejarme tocar por la gracia de Dios»[130].

9 mayo

«La fidelidad a la oración es una escuela de libertad. Es una escuela de sinceridad en el amor, porque nos enseña poco a poco a situar nuestra relación con Dios en un terreno que ya no es el vacilante e inestable de nuestras impresiones, de nuestros cambios de humor, de nuestro fervor sensible en dientes de sierra, sino en el sólido sillar de nuestra fe, en el fundamento de una fidelidad a Dios inamovible como la roca»[131].

10 mayo

«El amor nunca está en reposo, pues siempre es activo, pero al mismo tiempo es el verdadero descanso. El que ama descansa en el amado y le ofrece su corazón como lugar de descanso. Este es un aspecto del "*permaneced en mí como yo permanezco en vosotros*" al que nos invita con frecuencia Jesús en los escritos de san Juan»[132].

11 mayo

«Muy a menudo, lo que impide la acción de la gracia divina en nuestra vida no son tanto nuestros pecados o errores como esa falta de aceptación de nuestra debilidad, todos esos rechazos más o menos conscientes de lo que somos o de nuestra situación concreta. Para "liberar" la gracia en nuestra vida y permitir esas transformaciones profundas y espectaculares, bastaría a veces con decir "sí" (un sí inspirado por la confianza en Dios) a aquellos aspectos de nuestra vida hacia los cuales mantenemos una postura de rechazo interior»[133].

12 mayo

«Si queremos ser libres y dichosos, hemos de tener la valentía de decirnos a nosotros mismos: "¡Nadie me debe nada!". Ni los que me han hecho mal, porque he perdonado, ni aquellos a los que he hecho bien, pues quiero amarlos gratuitamente»[134].

13 mayo

«Para dejarnos guiar por el Espíritu de Dios, necesitamos una gran docilidad y una flexibilidad que se adquieren poco a poco a través de la práctica del desprendimiento. Esforcémonos por no "apegarnos" a nada en el aspecto material, afectivo o incluso espiritual»[135].

14 mayo

«Dios no se resiste ante la confianza de sus hijos. Esta confianza debe nacer de un amor sincero y verdadero, por supuesto, pero se puede obtener todo de Dios por la confianza, en particular el perdón y la misericordia que tanto necesitamos, pues somos pecadores, nuestros corazones son duros y no amamos suficientemente»[136].

15 mayo

«Ya en esta vida, quien practica la oración se hace cada vez más capaz de amar y de obrar espontáneamente el bien, mientras que al principio le costaba grandes esfuerzos. Gracias a la acción del Espíritu Santo, la virtud le resulta cada vez más fácil y natural. *Allí donde está el Espíritu del Señor, allí está la libertad*", dice san Pablo (2 Co 3, 17)»[137].

16 mayo

«El Espíritu Santo solo influye en mi realidad en la medida en que yo lo acepte: el Espíritu Santo nunca obra sin la colaboración de mi libertad. Y, si no me acepto como soy, impido que el Espíritu Santo me haga mejor»[138].

17 mayo

«La paz, aunque exija un largo empeño, es más la acogida de una promesa que un ejercicio ascético»[139].

18 mayo

«El abandono no es natural, es una gracia que hay que pedir a Dios. Nos la concederá si rezamos con perseverancia. *"Pedid y recibiréis"* (Mt 7, 7)»[140].

19 mayo

«Aceptemos las cosas como vienen, aunque no sean del todo como habíamos previsto en el desarrollo de nuestra vida. Tratemos de percibir, en el corazón de esa prueba, las llamadas que se nos dirigen, las conversiones que se nos proponen, y tendremos la gracia de vivirlas. Es esta actitud la que acaba por hacer positivas las cosas y consigue que podamos crecer en todas las circunstancias»[141].

20 mayo

«El secreto es muy sencillo: se trata de comprender que no se puede transformar de un modo fecundo lo real si no se comienza por aceptarlo; y se trata también de tener la humildad de reconocer que no podemos cambiar por nuestras propias fuerzas, sino que todo progreso, toda victoria sobre nosotros mismos, es un don de la gracia divina»[142].

21 mayo

«Cualquier realidad que no abandonemos, que pretendamos organizar por nuestra cuenta sin dar "carta blanca" a Dios, continuará inquietándonos de un modo u otro. La medida de nuestra paz interior será la de nuestro abandono, es decir la de nuestro desprendimiento»[143].

22 mayo

«Quien no se pone ante Dios en medio del silencio no descubre sus infidelidades y defectos; sin embargo, son patentes para el que hace oración, y ello puede suscitar un gran dolor y la tentación de abandonar. En este caso no hay que desesperarse sino perseverar, con la certeza de que la perseverancia obtendrá la gracia de la conversión. [...] Cuanto más miserables somos, mayor motivo tenemos para hacer oración»[144].

23 mayo

«El silencio no es un "vacío", sino una actitud general de interioridad que permite preservar en nuestro corazón una "celda interior" (en palabras de santa Catalina de Siena) en la que estamos en presencia de Dios y conversamos con Él»[145].

24 mayo

«Si nuestra hora de oración no consistiera más que en esto, en divagar incesante e incesantemente volver a Dios, tampoco es tan grave. Si cada vez que hemos advertido nuestra distracción hemos tratado de regresar junto al Señor, esta oración, por pobre que sea, habrá resultado sin duda muy grata a Dios»[146].

25 mayo

«Esta gracia para cambiar no la obtendré si no la deseo, pero para recibir la gracia que me ha de transformar es preciso que me acoja y me acepte tal como soy»[147].

26 mayo

«Dios oye la oración del pobre y viene a socorrerlo. A veces, cura las debilidades, pero a veces, da la gracia de vivirlas con confianza, de aceptarlas tranquilamente y aceptarse a uno mismo frágil y limitado»[148].

27 mayo

«Mientras contamos con nosotros mismos y con nuestras propias fuerzas, mientras no somos radicalmente pobres, no podemos ejercitar la virtud de la esperanza. Porque esta virtud es la que practica quien se sabe infinitamente débil y frágil; quien no se apoya solamente en sí mismo, sino que cuenta confiadamente con Dios; quien lo espera todo de Él, y únicamente de Él, con inmensa confianza»[149].

28 mayo

«El ejercicio más alto y más fecundo de la libertad no es elegir, sino consentir. No por pasividad o fatalismo, sino por confianza en la vida como don de Dios»[150].

29 mayo

«Santa Teresa de Jesús [...] dice que el que hace oración continúa cayendo, por supuesto, teniendo fallos y debilidades, pero, como hace oración, cada una de sus caídas le ayuda a saltar más arriba. Dios hace que todo le ayude al bien y al progreso del que es fiel a la oración, incluidas las propias faltas»[151].

30 mayo

«La esperanza nos cura del miedo y el desaliento, dilata el corazón y permite que el amor se expanda»[152].

31 mayo

«Si nos entregamos a ella [la Virgen María] completamente, ella se entregará totalmente a nosotros y nos hará participar en todas las riquezas que ha recibido de Dios»[153].

JUNIO

1 junio

«A menudo vivimos en medio de una ilusión: queremos que cambie lo que nos rodea, que cambien las circunstancias, y tenemos la impresión de que, entonces, todo iría mejor. Pero eso suele ser un error: no son las circunstancias exteriores las que han de cambiar: en primer lugar ha de cambiar nuestro corazón, purificándose de su encierro, de su tristeza, de su falta de esperanza»[154].

2 junio

«El hombre recibe de forma gratuita e independientemente de sus méritos la salvación y el amor de Dios a través de Cristo, y responde a este amor de forma gratuita mediante las obras buenas que el Espíritu Santo le concede realizar»[155].

3 junio

«Hemos de hacer todo lo posible para evitar la infidelidad, pero saber al mismo tiempo que no es irremediable cuando nos sorprende. El Señor está siempre dispuesto a levantarnos cuando caemos y, si después de ellas nos volvemos hacia Él con un corazón humilde y confiado, encuentra el medio de transformar esas caídas en bienes»[156].

4 junio

«El progreso en la oración es esencialmente un progreso en el amor, en la pureza de corazón; y el verdadero amor se manifiesta mejor fuera de la oración que durante ella»[157].

5 junio

«No existe mejor técnica de relajación que esta: apoyarnos como niños pequeños en la ternura de un Padre que nos quiere como somos»[158].

6 junio

«Bienaventurados los que tienen el corazón purificado por la fe y la esperanza, que dirigen hacia su vida una mirada iluminada por la certeza de que, a pesar de las apariencias desfavorables, Dios está presente, atiende a sus necesidades esenciales y que, por lo tanto, nada les falta. Entonces, si tienen esta fe, verán a Dios: experimentarán la presencia de Dios, que les acompaña y les guía; comprenderán que todas aquellas circunstancias que les parecían negativas y perjudiciales para su vida espiritual, en la pedagogía de Dios son, de hecho, medios poderosos para hacerles avanzar y crecer»[159].

7 junio

«El silencio es todo lo contrario de la dispersión del alma hacia afuera, de la curiosidad, de la charlatanería, etc.: es la capacidad de entrar de un modo natural en nuestro interior imantados por la presencia de Dios que nos habita»[160].

8 junio

«Nadie en el mundo podrá prohibirme jamás que crea en Dios, que ponga en Él toda mi confianza, que le ame a Él y al prójimo con todo el corazón. La fe, la esperanza y la caridad son plenamente libres, porque si están sólidamente enraizadas en nosotros, poseen la facultad de alimentarse incluso de lo que se opone a ellas»[161].

9 junio

«Dios es fiel: si me pide dar tal o cual paso adelante, viene en ayuda de mi debilidad. Yo sigo siendo pequeño y frágil, pero recibo un cierto valor que me permite avanzar. Dios sostiene mis pasos»[162].

10 junio

«El amor es gratuito y no se merece, y nuestras debilidades no impiden que Dios nos ame, sino al contrario. Nos hemos liberado de una obligación desesperante y terrible: la de ser personas de bien para ser amadas»[163].

11 junio

«Cuanto más heridos estamos, más derecho tenemos a refugiarnos junto al corazón de Jesús. Solo Él puede sanarnos»[164].

12 junio

«El hecho de conseguir y conservar la paz interior, imposible sin la oración, debiera ser considerado como una prioridad para cualquiera, sobre todo para quien desee hacer algún bien a su prójimo. De otro modo, generalmente no hará más que transmitir sus propias angustias e inquietudes»[165].

13 junio

«Nuestra verdadera identidad, mucho más profunda que el tener o que el hacer, e incluso que las virtudes morales y las cualidades espirituales, es la que vamos descubriendo poco a poco viviendo bajo la mirada de Dios; la que nadie, ni ningún acontecimiento, ni ninguna caída, ni ningún fracaso podrán arrancarnos nunca»[166].

14 junio

«La sed de justicia es una sed de conversión, de transformación interior. No tanto en busca de perfección personal como guiada por la voluntad de responder al deseo de Dios»[167].

15 junio

«Sin embargo, la mirada de Dios, al tiempo que nos autoriza a ser nosotros mismos, pobres pecadores, nos permite también toda clase de audacias en nuestra lucha hacia la santidad: tenemos derecho a aspirar a la cima, a desear la más alta santidad, porque Dios puede y quiere concedérnosla»[168].

16 junio

«Para fortalecernos en la determinación de no negar cosa alguna a Dios; para vivir el desprendimiento, el abandono filial y confiado; para aprender a amar el silencio y la interioridad; para descubrir ese "lugar del corazón" al que el Espíritu nos convoca dulcemente, es indispensable la oración»[169].

17 junio

«Para que la compasión sea verdaderamente una virtud cristiana debe proceder del amor (que consiste en desear el bien de la persona a la luz de Dios y de acuerdo con los planes divinos) y no del temor (miedo al dolor, miedo a perder algo). De hecho, con demasiada frecuencia nuestra actitud ante los que sufren en nuestro entorno está más condicionada por el temor que fundada en el amor»[170].

18 junio

«Dios no nos da según nuestras cualidades o nuestros méritos, sino según nuestra esperanza. Esta verdad es extraordinariamente liberadora: aun suponiendo que todos nuestros recursos humanos y espirituales entren en bancarrota, siempre nos quedará la —invencible— esperanza»[171].

19 junio

«Ciertamente, no podemos vivir sin algunas distracciones, sin unos momentos de descanso; pero lo importante es saber volver siempre a Dios, que es la causa de nuestra unidad de vida, y vivir todas las cosas bajo su mirada y en relación con Él»[172].

20 junio

«Dios es capaz de hacer del pecador un santo: su gracia puede hacer realidad ese milagro y hay que tener una fe sin límites en el poder de su amor. La persona que todos los días cae y, a pesar de ello, se levanta diciendo: "Señor, te doy gracias porque estoy seguro de que harás de mí un santo", agrada enormemente al Señor y, más pronto o más tarde, recibirá lo que espera de Él»[173].

21 junio

«Dios ama a nuestros prójimos infinitamente más e infinitamente mejor que nosotros. Desea que creamos en ese amor y que sepamos también abandonar en sus manos a los que amamos»[174].

22 junio

«En este mundo nuevo reina el amor, un amor terriblemente exigente (porque lo pide todo: mientras no se ama totalmente, no se ama verdaderamente), pero soberanamente libre, pues no tiene otra ley que él mismo»[175].

23 junio

«La práctica de la oración debe tender también a la plegaria continua; no necesariamente en el sentido de una oración explícita, sino en el de una práctica constante de la presencia de Dios. Vivir así, bajo su mirada, nos hará libres»[176].

24 junio

«Debemos afirmar enérgicamente que *cuanto más sometido a Dios está el hombre, más libre es*. Incluso podemos decir que el único modo que tiene el hombre de conquistar su libertad es el de obedecer a Dios»[177].

25 junio

«Cuanto más me acepto tal como soy, más me reconcilio con mi debilidad, más podré también aceptar a los demás y amarlos tal como son»[178].

26 junio

«En todo dolor hay un germen de vida y de resurrección, ya que Jesús en persona está en él»[179].

27 junio

«El corazón puro es el que está vuelto hacia Dios y no hacia sí mismo»[180].

28 junio

«Estamos en este mundo para aprender a amar en la escuela de Jesús. Y a prender a amar resulta muy sencillo: es saber *dar gratuitamente* y saber *recibir gratuitamente*»[181].

29 junio

«La oración es una escuela, un ejercicio en el que comprendemos y practicamos algunos comportamientos —profundizando en ellos— cara al mundo y a nosotros mismos, y que poco a poco se convierten en el fundamento de nuestro modo de ser y de actuar. La oración crea en nosotros un "rasgo" de nuestro ser, rasgo que conservamos después en todo lo que tenemos que vivir y que nos permite, poco a poco, acceder a la paz, a la libertad interior, al verdadero amor y al prójimo en cualquier circunstancia»[182].

30 junio

«Aceptarse a uno mismo significa acoger las miserias propias, pero también las riquezas, permitiendo que se desarrollen todas nuestras legítimas posibilidades y nuestra auténtica capacidad»[183].

JULIO

1 julio

«Debemos velar no por desear las cosas buenas en sí mismas, sino también por quererlas de un modo bueno. Estar atentos no solo a lo que queremos, sino también a la manera en que lo queremos»[184].

2 julio

«Ser pobre significa saber abandonarse, dejarse conducir con confianza por los caminos imprevisibles de la vida. Aceptar la realidad. Pasar de una sabiduría humana a la sabiduría misteriosa de Dios. Precisamente cuando renunciamos a querer dominar la vida, y consentimos en acogerla tal como se nos da día tras día, la vida adquiere todo su sentido y su belleza»[185].

3 julio

«La oración es una escuela de amor, porque todas las virtudes que se practican en ella son las que permiten el crecimiento del amor en nuestro corazón. De ahí su vital importancia»[186].

4 julio

«Es cierto que Dios nos pide a veces sacrificios y renuncias, pero también lo es que nos libera de los miedos y las falsas culpabilidades que nos aprisionan, devolviéndonos la libertad de aceptar plenamente todo cuanto de bueno y grato Él, en su sabiduría, quiere otorgarnos, animándonos y manifestándonos su amor»[187].

5 julio

«Y cuando seamos incapaces, permanezcamos tranquilos y dejemos actuar a Dios»[188].

6 julio

«Aprendiendo a advertir los diversos movimientos de nuestra alma, aprenderemos también a reconocer las mociones del Espíritu Santo»[189].

7 julio

«Cuanto más estoy en un clima de gratitud, de acción de gracias, más abierto está mi corazón a la acción de Dios y puede recibir la vida de Dios, transformarse, crecer»[190].

8 julio

«Para que el mal sea vencido en su esencia, y no simplemente limitado en sus manifestaciones, necesitamos a veces, como el mismo Jesús, aceptar el sufrimiento de un mal, pues es mejor soportar un mal que cometerlo. Al exceso del mal debe responder un exceso de amor»[191].

9 julio

«No todos poseemos madera de héroe; pero, por gracia divina, sí tenemos todos madera de santo: es la ropa bautismal de la que nos revestimos al recibir el sacramento que nos hace hijos de Dios»[192].

10 julio

«Cuando el Señor afirma que *nos deja la paz, que nos da la paz,* sus palabras son palabras divinas, palabras que tienen la misma fuerza creadora que las que hicieron surgir el cielo y la tierra de la nada, el mismo peso que las que calmaron la tempestad, las palabras que curaron a los enfermos y resucitaron a los muertos»[193].

11 julio

«Otro modo de vivir la pobreza de corazón en relación a la propia existencia es contentarse con el instante presente, sin pretender volver sobre el pasado ni programar el porvenir. Solo nos pertenece el instante presente. Aceptemos el pasado, y confiemos el porvenir a la providencia divina»[194].

12 julio

«Si contamos con la posibilidad de abrir nuestro corazón a una persona que pueda aconsejarnos espiritualmente, se nos facilitará extraordinariamente el discernimiento de la acción del Espíritu Santo. Con frecuencia no somos capaces de ver con claridad en nosotros mismos, en nuestras motivaciones, etc., y explicando con palabras lo que estamos viviendo, conseguiremos la luz a través del diálogo con una persona que cuente con cierta experiencia»[195].

13 julio

«En ocasiones, es más beneficioso saber aceptar nuestra pobreza, sin descorazonarnos ni entristecernos, que hacer todo perfectamente»[196].

14 julio

«No seremos capaces de transformar eficazmente nuestra vida si no comenzamos por acogerla en su integridad y, en consecuencia, por aceptar cualquier acontecimiento exterior al que nos enfrentemos»[197].

15 julio

«Una de las afirmaciones de fe que debe habitar en nosotros permanentemente es decir que *todas las razones que tenemos para perder la paz son malas razones.* Ciertamente, esta convicción no puede basarse en consideraciones humanas. No puede ser más que una certeza de fe, fundada en la Palabra de Dios»[198].

16 julio

«Pasa con frecuencia un largo tiempo entre la decisión de perdonar y la total pacificación. Hay altibajos, momentos en que vuelven con fuerza las iras y las indignaciones. Eso es normal, pero hay que emprender este camino con determinación y paciencia, y vendrá un día la gracia de la curación completa»[199].

17 julio

«Dios desea llevarla [al alma] a una oración más profunda, y eso significa una gracia muy grande. El alma debe dejarse hacer y seguir su tendencia a permanecer pasiva; para que esté en oración, basta que en el fondo de su corazón exista esta orientación serena hacia Dios. No es el momento de actuar por sí misma, por medio de sus propias facultades o capacidades; es el momento de dejar obrar a Dios»[200].

18 julio

«Hay que rechazar el pecado, pero aceptar ser un pobre pecador. Aceptar ser alguien que es capaz de caer a menudo, pero que se levanta enseguida»[201].

19 julio

«Si el Señor no ha transformado todavía a esa persona, no ha eliminado de ella tal o cual imperfección, ¡es que la soporta como es! Espera con paciencia el momento oportuno, y yo debo actuar como Él. Tengo que rezar y esperar pacientemente. ¿Por qué ser más exigente y más precipitado que Dios?»[202].

20 julio

«El hambre y sed de justicia, el deseo del Reino, lejos de ser una espera pasiva, supone un compromiso en el anuncio del Evangelio y la transformación de la sociedad, según la vocación propia de cada uno. Implican también una perseverancia en la oración, una presión amorosa a Dios para que apresure los tiempos»[203].

21 julio

«Una inspiración no puede pedirme algo que esté en contradicción manifiesta con lo que antes se llamaba "los deberes de estado". [...] Las inspiraciones van dirigidas hacia el cumplimiento de los deberes de estado, no le desvían de él, sino que, al contrario, facilitan su realización»[204].

22 julio

«Ser pobre en la relación con Dios es [...] reconocer que todo lo hemos recibido como un don gratuito de su misericordia. Todo lo que somos, todo lo que tenemos, todo el bien que realizamos es algo que nos es dado y de lo que nunca podemos envanecernos»[205].

23 julio

«Dios puede sacar provecho de todo, tanto de lo bueno como de lo malo, de lo positivo como de lo negativo. Por eso es Dios, es el "Padre Todopoderoso" que confesamos en el Credo. Sacar un bien de lo bueno no es difícil: cualquiera es capaz de hacerlo. Pero solo Dios, en su omnipotencia, en su amor y sabiduría, posee la facultad de obtener un bien de un mal»[206].

24 julio

«La prueba de que [...] deseamos según el Espíritu Santo no es solo que la cosa ansiada sea buena, sino también que conservemos la paz. Un deseo que hace perder la paz, incluso si la cosa deseada es excelente en sí, no es de Dios»[207].

25 julio

«Abrir el corazón al otro, es ciertamente abrirlo a Dios y a la abundancia de sus bendiciones. La bendición divina sobre mi vida se medirá por mi actitud hacia mi prójimo»[208].

26 julio

«En la oración lo que cuenta no es lo que nosotros hacemos, sino lo que Dios hace en nosotros durante ese tiempo. Conocer ese principio nos libera, pues a veces somos incapaces de hacer ni decir nada durante la oración»[209].

27 julio

«La mansedumbre de que habla el Evangelio no es blandenguería, ni debilidad, ni dejadez. Supone por el contrario una gran fortaleza interior, para resistir a la ira, a la pasión, para refrenar la violencia en las reacciones. No dejarse arrastrar por la violencia supone una gran valentía»[210].

28 julio

«Hay que practicar la mansedumbre consigo mismo para no desanimarse, no echarse la culpa cuando se está enfrentado a la propia fragilidad, sino mantener también un gran deseo de santidad. No de una perfección extraordinaria, pues la santidad es otra cosa, sino un verdadero deseo de amar a Dios y a nuestro prójimo y de llegar hasta el final del amor, de no amar a medias»[211].

29 julio

«Dios actúa en el alma en paz. No conseguiremos liberarnos del pecado con nuestras propias fuerzas, eso solamente lo conseguirá la gracia de Dios»[212].

30 julio

«El acto esencial de la oración es, a fin de cuentas,
el de ponernos y mantenernos en la presencia
de Dios. Ahora bien, Dios no es Dios de muertos,
sino de vivos. Esta presencia, por ser presencia
del Dios vivo, es activa, vivificante, nos sana y nos
santifica»[213].

31 julio

«¿Dónde nacen esas inspiraciones de la gracia?
No nacen en nuestra imaginación o en nuestra
cabeza, sino que surgen en lo más íntimo de nuestro
corazón. Para reconocerlas, es preciso estar atentos
a lo que ocurre en él, a los "movimientos" que
podemos detectar en su interior, y saber distinguir si
esos movimientos provienen de nuestra naturaleza,
de la acción del demonio o de la influencia del
Espíritu Santo»[214].

AGOSTO

1 agosto

«Siempre habrá sufrimientos irremediables que conviene esforzarse en aceptar con tranquilidad. Y esto no es masoquismo, ni gusto por el dolor, sino todo lo contrario, porque la aceptación de un sufrimiento lo hace más soportable que la crispación del rechazo»[215].

2 agosto

«Nuestra confianza en Dios debe llegar hasta ahí: hasta creer que Él es lo bastante bueno y poderoso como para sacar provecho de todo, incluidas nuestras faltas y nuestras infidelidades»[216].

3 agosto

«Si obedecemos, la inspiración divina será fecunda y dará buenos frutos: frutos de paz, de alegría, de caridad, de unidad, de humildad... Una inspiración que procede de nuestra carne o del demonio será estéril, es decir dará frutos negativos: tristeza, amargura, soberbia, etc.»[217].

4 agosto

«Si nuestra oración consiste simplemente en lo siguiente: en ponernos delante de Dios sin actividad alguna, sin pensar en nada especial, sin sentimientos particulares, pero con una actitud profunda de disponibilidad, de abandono confiado, entonces no hay nada mejor que podamos hacer. Así, dejamos obrar a Dios en la intimidad de nuestro ser, que, en definitiva, es lo que cuenta»[218].

5 agosto

«La paz prometida por Jesús no es la del mundo (la tranquilidad de aquel para quien todo va bien, del que tiene sus problemas resueltos y sus deseos satisfechos, una paz bastante rara, en definitiva...); la paz de Jesús puede recibirse y experimentarse incluso en situaciones humanamente difíciles, pues tiene su fuente y su fundamento en Dios»[219].

6 agosto

«El auténtico mal no es tanto el dolor como el miedo al dolor. Si lo acogemos con confianza y con paz, el dolor nos hace crecer, nos educa, nos purifica, nos enseña a amar de modo desinteresado, nos hace humildes, mansos y comprensivos con el prójimo»[220].

7 agosto

«Cuando un hombre está cerca de Dios, ama a su Señor y desea servirle, la estrategia habitual del demonio consiste en hacerle perder la paz del corazón, mientras que, por el contrario, Dios acude en su ayuda para devolvérsela»[221].

8 agosto

«Amar a alguien es consentir en una dependencia, renunciar a una autosuficiencia. Amar verdaderamente exige renunciar a toda dominación, a todo poder sobre otro, a toda posesión. Eso obliga a respetar la libertad del otro»[222].

9 agosto

«Todos los inmensos bienes que tienen su origen en la oración no son fruto de nuestros pensamientos o nuestros hechos, sino de la actuación de Dios —frecuentemente secreta e invisible— en nuestro corazón. Solo en el Reino conoceremos los resultados de nuestra oración»[223].

10 agosto

«Al aceptar los sufrimientos "propuestos" por la vida y permitidos por Dios para nuestro progreso y nuestra purificación, nos ahorramos otros mucho mayores»[224].

11 agosto

«La prueba del progreso espiritual no es tanto la de no caer, sino la de ser capaz de levantarse rápidamente de las caídas»[225].

12 agosto

«Si confiando en que todo es gracia, recibimos con humildad las lecciones de la experiencia y continuamos adelante sin desanimarnos, se creará en nosotros una mayor seguridad de juicio que nunca llegará a la infalibilidad, que no existe en este bajo mundo»[226].

13 agosto

«Forma parte de las pruebas normales de la vida espiritual estar a veces seco, pobre y sin deseo, y no poder presentar a Dios más que una humilde buena voluntad. Eso basta. Esta experiencia de pobreza purifica el deseo y lo apoya solo en Dios»[227].

14 agosto

«La única cosa que puede hacernos absolutamente felices es responder a la llamada que Dios nos dirige y que consiste en amarle y amar a nuestro prójimo»[228].

15 agosto

«Acudamos a María. Es nuestra más poderosa y eficaz auxiliadora en la lucha interior. Su corazón es un puerto de paz y de esperanza para todos los que se refugian en ella. Su intercesión es todopoderosa ante Dios. Su presencia y su apoyo son una fuerza inmensa en nuestras luchas y tentaciones. Su ternura maternal es dulce consuelo en la prueba»[229].

16 agosto

«Si el Señor no permitiera que de vez en cuando actuemos mal, que cometamos errores, ¡correríamos un peligro enorme! Caeríamos inmediatamente en la vanidad, en el desprecio hacia el prójimo, y nos olvidaríamos de que todo nos viene de Dios gratuitamente»[230].

17 agosto

«Lo más importante en la oración es el componente pasivo. No se trata tanto de hacer cosas como de entregarnos a la acción de Dios. A veces, debemos preparar y secundar esta acción de Dios con nuestra propia actuación, pero con frecuencia no tenemos más que consentir en ella pasivamente, y entonces es cuando suceden las cosas más importantes»[231].

18 agosto

«Da mucho ánimo que cuando una persona acepta la situación de prueba en la que se encuentra, dejando a un lado las cuestiones estériles —o al menos las pone en *stand by*— y se plantea la pregunta central:

"¿Qué bien estoy llamado personalmente a realizar?", se le da una respuesta antes o después. Una luz viene progresivamente»[232].

19 agosto

«La vida es buena y bella tal como es, incluso con su parte de dolor. Cuando Dios creó al hombre y a la mujer, derramó sobre toda vida humana una inmensa bendición que nunca nos ha retirado a pesar del pecado y de su cortejo de sufrimientos, porque *"los dones y la vocación de Dios son irrevocables"* (Rm 11, 29)»[233].

20 agosto

«Antes de adoptar una decisión, es preciso hacer todo lo necesario para ver con claridad, y no decidir de modo precipitado o arbitrario: analizar la situación y sus distintos aspectos; estudiar nuestros motivos para decidir con un corazón limpio, y no en función de nuestros intereses personales; rezar pidiendo al Espíritu Santo la luz y la gracia de actuar conforme a la voluntad de Dios y, por último, pedir eventualmente el consejo de personas que puedan iluminarnos en esta decisión»[234].

21 agosto

«Lo que viene del Espíritu lleva consigo alegría, paz, tranquilidad de espíritu, dulzura, sencillez y luz. Al contrario, lo que viene del espíritu del mal acarrea tristeza, desconcierto, inquietud, agitación, confusión y tinieblas. Esas señales de buen y mal espíritu son ciertas en sí mismas. La paz, la alegría, etc. son frutos seguros del Espíritu Santo, pues el demonio es incapaz de provocarlos de un modo duradero»[235].

22 agosto

«María es la Reina de la Paz y cuanto más está en crisis el mundo, más debemos estar en paz, acoger la paz de Dios. Porque estamos ciertos de su amor, de su fidelidad»[236].

23 agosto

«En la vida, lo peor que podría sucedernos es que todo fuera de acuerdo con nuestros deseos: eso supondría el fin de todo crecimiento. Para ir adentrándonos poco a poco en la sabiduría divina, que es infinitamente más bella, más rica, más fecunda y más misericordiosa que la nuestra, es necesario que nuestra sabiduría humana se tambalee (cf. himno a la sabiduría divina en Rm 11, 33-36)»[237].

24 agosto

«El contacto con Dios, en particular en la oración, hace que poco a poco el hombre descubra la infinita mansedumbre de Dios y se deje revestir por ella, que elimina progresivamente toda dureza y amargura de su corazón. Solo el contacto íntimo con el corazón de Jesús puede curar la dureza del corazón humano»[238].

25 agosto

«La voluntad del Señor suele ser que sepamos decidir, incluso si no estamos absolutamente seguros de que esta decisión es la mejor. En efecto, en esta capacidad de decidir en medio de la incertidumbre, haciendo lo que creemos lo mejor y sin pasar horas dándole vueltas, existe una actitud de confianza y abandono»[239].

26 agosto

«Decir que Dios es justo es también afirmar que, fiel a su amor y su verdad, es el Dios que quiere salvar al hombre. Justicia y salvación están con mucha frecuencia asociadas, como sinónimas [...]. El Dios justo es el Dios que justifica, el Dios salvador»[240].

27 agosto

«En la oración, nuestra principal tarea es amar, pero en la relación con Dios, amar es, en primer lugar, *dejarse amar.* ¡Y no es tan fácil como parece! Hay que creer en el amor, a pesar de que tenemos una gran facilidad para dudar de él, y hay que aceptar también nuestra pobreza»[241].

28 agosto

«La fe no puede prescindir de la razón y no hay nada más hermoso que la posibilidad dada al hombre de cooperar a la obra de Dios mediante su libertad, su entendimiento y todas sus demás facultades. Esos momentos de nuestra vida en que la inteligencia aprehende lo que Dios hace, a qué nos llama y cuál es su pedagogía para hacernos crecer, son muy positivos, pues nos permiten aportar a la obra de la gracia divina toda nuestra cooperación»[242].

29 agosto

«Pidamos al Espíritu Santo que nos ayude a encontrar esta armonía donde se articulan el verdadero deseo de santidad, la firme determinación de convertirse sin cesar, y la humildad, la aceptación tranquila de nuestros límites y fragilidades»[243].

30 agosto

«Una inspiración puede venir de Dios y, no obstante, suscitar en nosotros un gran desconcierto. Pero ese desconcierto no tiene su origen en la inspiración, que en sí misma (como todo lo que procede del Espíritu de Dios) es dulce y pacífica: procede de nuestra resistencia a ella. Una vez que la recibimos y dejamos de oponer esa resistencia, nuestro corazón se encuentra entonces inmerso en una profunda paz»[244].

31 agosto

«La verdadera respuesta al problema de las distracciones [en la oración] no es que el espíritu se concentre más, sino que el corazón ame más intensamente»[245].

SEPTIEMBRE

1 septiembre

«Porque la única auténtica seguridad en que debemos apoyarnos en esta vida no es en nuestra capacidad de controlar los acontecimientos mediante la inteligencia, ni en la de preverlos, sino en la certeza de que Dios es fiel y jamás nos puede abandonar, pues su amor de Padre es irrevocable»[246].

2 septiembre

«Dios es un Padre bueno y compasivo que conoce las enfermedades de sus hijos y la limitación de nuestros juicios. Nos pide buena voluntad, recta intención, pero ¡en modo alguno nos exige que seamos infalibles ni que nuestras decisiones sean las perfectas!»[247].

3 septiembre

«Con respecto a Dios, el primer acto de amor, el que debe quedar en la base de cualquier acto de amor, es el siguiente: creer que somos amados, dejarnos amar en medio de nuestra pobreza, como somos, con independencia de nuestros méritos y nuestras virtudes. Si es esta la base de nuestra relación con Dios, hemos acertado»[248].

4 septiembre

«Cada vez que en la tierra ejercemos la misericordia, la bondad, la paciencia, el perdón, adelantamos el Reino de Dios, de esta inmensa efusión de amor que transformará el corazón de todos los hombres»[249].

5 septiembre

«Hemos de tener el deseo profundo y constante de obedecer a Dios. Pero este deseo será fruto del Espíritu Santo si va acompañado de paz, de libertad interior, de confianza y de abandono, y no cuando sea una especie de angustia que paraliza la conciencia e impide adoptar una decisión libre»[250].

6 septiembre

«Nadie gozará de una plena libertad interior si no aprende a despojarse del deseo de apoyarse en seguridades humanas para experimentar que solo Dios es su "roca", tal y como dice la Escritura»[251].

7 septiembre

«Cuando una inspiración viene realmente de Dios, y hacemos callar nuestros temores aceptándola de todo corazón, entonces la paz nos inunda inevitablemente: el Espíritu Santo no deja de conceder esa paz al que se deja guiar por él. En ocasiones, esta paz solamente puede residir en el "extremo más fino del alma", mientras que en el plano humano y psicológico subsisten preguntas e inquietudes; pero la paz está ahí, y es reconocible»[252].

8 septiembre

«Alcanzaremos la santidad el día en que nuestra impotencia y nuestra nada no sean un motivo de tristeza y de inquietud, sino un motivo de paz y de alegría. Este camino de la pobreza, que es también el camino del amor, es el más eficaz para hacernos crecer, para ir adquiriendo progresivamente todas las virtudes y para purificarnos de nuestras faltas»[253].

9 septiembre

«Fundamentalmente, la oración es eso: ponernos en la presencia de Dios para dejar que nos ame. La respuesta de amor surge después, durante o fuera de la oración. Si nos dejamos amar, Dios mismo producirá el bien en nosotros y nos concederá llevar a cabo esas *obras buenas que Dios preparó para que caminemos por ellas*" (Ef 2, 10)»[254].

10 septiembre

«Existen también momentos en que se ha de renunciar a entender: entonces habrá llegado el momento de abandonarse en Dios con confianza ciega. La luz vendrá más tarde [...]. Lo único que puede concedernos sosiego no es contar con la respuesta a nuestras preguntas, sino la oración humilde y confiada, esa actitud expresada por el profeta Jeremías: *Bueno es esperar callando el socorro de Yahvé* (Lm 3, 26)»[255].

11 septiembre

«El que acepta ser débil, pequeño, caer con frecuencia, no ser nada a sus propios ojos y a los de los demás, sin preocuparse excesivamente por ello, pues le anima una gran confianza en Dios y sabe que su amor es infinitamente más importante y pesa mucho más que sus propias faltas e imperfecciones, ese ama más que aquel cuyo afán por la propia perfección le empuja al desasosiego»[256].

12 septiembre

«Si, a pesar de nuestra buena voluntad, somos incapaces de rezar bien, de conmovernos y de tener hermosos pensamientos, no nos entristezcamos. Ofrezcamos nuestra pobreza a la acción de Dios y ¡nuestra oración será entonces más valiosa que la que nos hubiera dejado satisfechos de nosotros mismos!»[257].

13 septiembre

«Un corazón puro no es un corazón absolutamente perfecto, sin herida ni defecto. Eso no existe entre los hombres. Es, sobre sobre todo, un corazón *enteramente decidido* por Dios»[258].

14 septiembre

«Gracias a los sufrimientos y a la cruz de Cristo, no hay ya ninguna pena ni sufrimiento humanos que no puedan recibir consuelo y paz, para quien se acerca con confianza a Jesús o se deja visitar por él»[259].

15 septiembre

«Nos gustaría ante todo tener la certeza de estar cumpliendo la voluntad de Dios: un deseo lógico y natural si lo que pretendemos es amoldarnos a ella; y si la buscamos con corazón sincero, normalmente contaremos con las luces que nos permitan comprenderla»[260].

16 septiembre

«Consideramos demasiado lo exterior, las obras, la eficacia aparente, mientras que la única cosa que cuenta, que porta verdaderamente fruto en la Iglesia, es la verdad y la pureza del amor, la sinceridad del amor; es eso lo que hay que pedir sobre todo a Dios y ponerlo en práctica»[261].

17 septiembre

«Las cosas pequeñas, hechas por amor y para agradar a Dios, son extremadamente provechosas para hacernos crecer: ese es uno de los secretos de la santidad de santa Teresa de Lisieux»[262].

18 septiembre

«Los pensamientos; las consideraciones; los actos interiores que alimentan o expresan nuestro amor por Dios; que nos hacen crecer en la gratitud y la confianza en Él; que despiertan o estimulan nuestros deseos de entrega, de pertenecerle, de servirle fielmente como a nuestro único Señor, deben constituir habitualmente la parte principal de nuestra propia actividad durante la oración. Todo lo que fortalezca nuestro amor a Dios es un buen tema de oración»[263].

19 septiembre

«Cuando pedimos a Dios que nos haga justicia, no hay que entenderlo como una llamada para que castigue a los que nos perjudican, sino más bien para que apresure nuestra conversión personal»[264].

20 septiembre

«[Necesitamos] educarnos para aceptar a los demás como son, para comprender que su sensibilidad y los valores que los sustentan no son idénticos a los nuestros; para ensanchar y domar nuestro corazón y nuestros pensamientos en consideración hacia ellos»[265].

21 septiembre

«Si deseamos que se solucionen las contradicciones (aparentes) entre el querer divino y nuestra libertad, es preciso pedir al Espíritu Santo la gracia de amar más a Dios, y el problema se resolverá por sí solo»[266].

22 septiembre

«La compasión, si no se contenta con ser un sentimiento, sino que se convierte en un amor efectivo que se inclina hacia el otro, hace nacer en nosotros la alegría de amar gratuitamente»[267].

23 septiembre

«La oración del cristiano siempre se basará en una cierta relación con la humanidad del Salvador [...]. Y por ser esta humanidad de Jesús el sacramento, el signo eficaz de la unión del hombre con Dios, nos basta estar unidos por la fe a ella para encontrarnos en comunión con Dios»[268].

24 septiembre

«La pobreza espiritual, la absoluta dependencia de Dios y de su misericordia, es la condición para la libertad interior»[269].

25 septiembre

«La voluntad de Dios está donde existe el máximo de amor, pero no forzosamente donde esté el máximo de sufrimiento... ¡Hay más amor en descansar gracias a la confianza que en angustiarse por la inquietud!»[270].

26 septiembre

«Únicamente el hombre que goza de esta paz interior puede ayudar eficazmente a su hermano. ¿Cómo comunicar la paz a los otros si carezco de ella? ¿Cómo habrá paz en las familias, en la sociedad y entre las personas si, en primer lugar, no hay paz en los corazones?»[271].

27 septiembre

«Existe la posibilidad de entender trágicamente el carácter fugaz del momento actual o el hecho de que ni el pasado ni el futuro nos pertenezcan. Pero, desde la perspectiva de la fe y la esperanza cristianas, el instante presente se revela ante nosotros como un tesoro de gracia y de inmenso consuelo»[272].

28 septiembre

«La humildad y la confianza. Eso es lo que de manera cierta nos hace agradables a Dios, atrae su gracia, nos permite ser objeto de su ternura y de su amor»[273].

29 septiembre

«Aunque ciertos aspectos [de la voluntad divina] se me escapan, hay también muchos otros que conozco con certeza y a los que me puedo agarrar sin ningún riesgo de error y sabiendo que ese "asidero" es seguro: cumplir con los deberes de mi estado actual y vivir los puntos esenciales de toda vocación cristiana [...]. Cuando no existen respuestas para el futuro, el mejor modo de prepararse a recibirlas es vivir plenamente el hoy»[274].

30 septiembre

«Lo que nos permite apropiarnos plenamente de la humanidad de Jesús, y por ella entrar en comunicación real con el misterio insondable de Dios, no es la mera especulación de la inteligencia, sino la fe, la fe como virtud teologal, es decir, animada por el amor»[275].

OCTUBRE

1 octubre

«Teresa [de Lisieux] ama intensamente. Está abrasada de amor a Dios, de caridad hacia sus hermanas; y carga con la Iglesia y con el mundo entero con la ternura de una madre. Este es su secreto: el pequeño convento no la oprime porque ama. El amor todo lo transforma y da un toque de infinitud a las cosas más vulgares»[276].

2 octubre

«Lo que Dios espera de nosotros en primer lugar no es que seamos absolutamente perfectos —¡eso vendrá poco a poco!—, sino que confiemos en él. Una confianza total»[277].

3 octubre

«Si en la oración existe ese movimiento por el que nos unimos a Dios como el Otro, como de fuera, exterior a nosotros —y presente de un modo eminente en la humanidad de Jesús—, existe igualmente un lugar para ese movimiento gracias al cual entramos en el interior de nuestro propio corazón para reunirnos allí con Jesús, tan cercano, tan accesible»[278].

4 octubre

«Nuestra vida siempre cuenta con esta maravillosa posibilidad: la de hacer de lo que nos quitan (lo que nos quita la misma vida, las circunstancias o los demás) algo que ofrecer. Exteriormente no se aprecia ninguna diferencia, pero en el interior todo queda transfigurado: el destino se convierte en una elección libre, la violencia en amor, la pérdida en fecundidad»[279].

5 octubre

«¿Qué es la libertad? [es] permitir que lo mejor, lo más hermoso y más profundo de mí pueda emerger libremente y no verse ahogado por cosas más superficiales: temores apegamientos egoístas, falsedades, etc. Si me someto a Dios, esta sumisión va exactamente a "decaparme" de toda una costra que paraliza, para dejar paso a lo que hay de auténtico en mí»[280].

6 octubre

«Hay que desear y anhelar, pero de un modo libre y desprendido, abandonando en Dios la realización de esos deseos como Él lo quiera y cuando lo quiera»[281].

7 octubre

«En el rosario, María nos impulsa a la oración, nos da acceso a la humanidad de Jesús y nos introduce en los misterios de su Hijo. En cierto modo, nos hace participar de su oración, la más profunda que haya habido jamás»[282].

8 octubre

«Para que el sufrimiento no se convierta en una causa de endurecimiento, es necesario aceptarlo, confiarlo a Dios. Así le encontraremos poco a poco un sentido y será ocasión para que nos visite el Espíritu Santo. Tenemos derecho a sufrir, pero no tenemos derecho a malearnos o endurecernos a causa de nuestros sufrimientos. De ahí la necesidad de abrirnos al consuelo de Dios»[283].

9 octubre

«Gracias a nuestra libertad, no existe ningún acontecimiento (se trate del que se trate) que no pueda recibir un significado positivo y ser expresión de amor, o transformarse en abandono, en confianza, en esperanza o en ofrenda... Los actos más importantes y fecundos de nuestra libertad no son aquellos mediante los cuales transformamos el mundo exterior, sino aquellos mediante los cuales modificamos nuestra propia actitud interior para concederle un sentido positivo a algo, recurriendo en última instancia a la fe, por la que sabemos que de cualquier cosa sin excepción Dios puede obtener un bien»[284].

10 octubre

«La voluntad de Dios no se opone jamás a lo que hay en mí de bueno: la aspiración a la verdad, a la vida, a la felicidad, a la plenitud del amor, etc. La sumisión a Dios poda cosas en mí, pero nunca ahoga lo mejor de mí mismo: las profundas aspiraciones positivas que me habitan. Al contrario, las despierta, las fortalece, las orienta y las libera de los obstáculos a su realización»[285].

11 octubre

«Ser pobre significa aceptar nuestra vida, y no dominarla ni controlarla»[286].

12 octubre

«Cuando no sabemos cómo rezar, es muy sencillo proceder de ese modo: recojámonos, hagamos silencio y entremos en nuestro propio corazón, bajemos a nuestro interior, reunámonos con esa presencia de Jesús que habita en nosotros y permanezcamos tranquilamente con Él. No le dejemos solo, hagámosle compañía lo mejor que podamos»[287].

13 octubre

«Incluso cuando nada podemos hacer en el plano de los hechos, siempre conservamos esa libertad interior de perseverar en el amor: una libertad que ninguna circunstancia, por trágica que sea, logrará quitarnos»[288].

14 octubre

«Una condición necesaria para la paz interior es, pues, lo que podríamos llamar *la buena voluntad*. También se la podría llamar limpieza de corazón. Es la disposición estable y constante del hombre que está decidido a amar a Dios sobre todas las cosas, que en cualquier circunstancia desea sinceramente preferir la voluntad de Dios a la propia, y que no quiere negar conscientemente cosa alguna a Dios»[289].

15 octubre

«El corazón del hombre es ciertamente un abismo de miseria y de pecado, pero Dios está en lo más profundo de él. Recogiendo una metáfora de santa Teresa de Jesús, el hombre que persevera en la oración es como el que va a sacar agua de un pozo. Echa el cubo y al principio no obtiene más que barro. Pero si tiene confianza y persevera, llegará un día en que lo que encontrará dentro de su propio corazón será un agua muy pura»[290].

16 octubre

«En el corazón de Cristo, Dios nos ha *amado humanamente* con el fin de hacernos aptos para *amar divinamente*. Dios se ha hecho hombre para que el hombre se haga Dios, es decir, ame como solo Dios es capaz de amar, con la pureza, la intensidad, la fuerza, la ternura y la infatigable paciencia propias del amor divino»[291].

17 octubre

«Aceptarme tal como soy en mi fragilidad, en mi debilidad, en mis imperfecciones. Consentir en mi debilidad radical y reconciliarme con ella, porque pongo mi esperanza no en mí mismo, en mi perfección personal, sino en Dios y solo en Él»[292].

18 octubre

«Si yo no puedo hacer nada, desde el momento en que creo, espero y amo, algo ocurre en el plano de lo invisible, y sus frutos se manifestarán antes o después, en el tiempo de la misericordia divina. El amor, aunque pobre e impotente en apariencia, siempre es fecundo y no puede no serlo porque participa del mismo ser y de la vida misma de Dios»[293].

19 octubre

«Ser consolado es también comprender que lo que hemos vivido, que parecía un mal, se revela como un bien precioso. Es comenzar a entrar en la acción de la gracia»[294].

20 octubre

«Si esperamos a ser justos para llevar una vida de oración habitual, podemos esperar mucho tiempo. Y al contrario, al aceptar presentarnos delante del Señor en nuestra condición de pecadores, recibiremos la curación y poco a poco nos transformaremos en santos»[295].

21 octubre

«Si gracias a la perseverancia descubrimos ese "lugar del corazón", nuestros pensamientos, nuestras opciones y nuestros actos, que con demasiada frecuencia proceden de la parte superficial de nuestro ser (de nuestras inquietudes, nuestros nerviosismos, nuestras reacciones inmediatas...), poco a poco nacerán de ese centro profundo del alma en el que estamos unidos a Dios por el amor. Accederemos a un nuevo modo de ser en el que todo será fruto del amor, y entonces seremos libres»[296].

22 octubre

«La persona a la que Dios ama con el cariño de un Padre que quiere salir a su encuentro y transformar por amor, no es la que a mí "*me gustaría ser*" o la que "*debería ser*"; es sencillamente, *la que soy*. Dios no ama personas "ideales" o seres "virtuales"; el amor solo se da hacia seres reales y concretos. A Él no le interesan los santos de pastaflora, sino nosotros, pecadores como somos»[297].

23 octubre

«Que vuestras relaciones recíprocas no estén gobernadas por un sistema de deudas y reivindicaciones, de derechos y deberes, sino por la generosidad del amor. Es así como el Reino estará en medio de vosotros»[298].

24 octubre

«Dios no tiene por objetivo complicarnos la vida, sino, en definitiva, simplificárnosla. La docilidad a Dios libera y ensancha el corazón»[299].

25 octubre

«A veces, debemos defendernos, es una necesidad y un deber, pero con frecuencia podemos vernos llamados, por amor de Jesús, a aceptar sufrir algunas injusticias. Tanto más porque sucede a menudo que, al exigir ser tratados siempre con una perfecta justicia, terminamos por convertirnos en injustos frente a los demás»[300].

26 octubre

«Incluso en el caso de que empleemos cuanto haga falta (la oración, la meditación o la dirección espiritual) para conocer la voluntad de Dios en tal o cual situación, no siempre obtendremos una respuesta totalmente clara, o al menos no inmediatamente. [...] Dios nos trata como adultos y existen multitud de circunstancias en que quiere que decidamos por nosotros mismos. [...] Si siempre tuviéramos la seguridad de estar en la verdad, de estar haciendo la voluntad de Dios, no tardaríamos en caer en una peligrosa presunción que podría convertirse fácilmente en orgullo espiritual»[301].

27 octubre

«Cuatro grandes principios deben orientar nuestro comportamiento durante la oración: primacía de la acción de Dios; primacía del amor, la humanidad de Jesús como instrumento de comunión con Dios, y por último la inhabitación de Dios en nuestro corazón. Son unos principios que deben servirnos de punto de referencia para vivir bien el tiempo de oración»[302].

28 octubre

«Solo Dios puede verdaderamente perdonar, porque solo Dios puede curar el mal que ha sido cometido, solo Dios puede resucitar lo que está muerto. La fuente última del perdón es el corazón misericordioso del Padre. Nosotros no podemos perdonar más que volviéndonos hacia esa fuente»[303].

29 octubre

«Para resistir al temor, al abatimiento, es preciso que, por medio de la oración, por una experiencia personal del Dios reencontrado, reconocido y amado a través de ella, podamos *"gustar y ver qué bueno es el Señor"* (Sal 34). La certeza que infunde en nosotros el hábito de la oración es más fuerte que la que se desprende de los razonamientos, aunque sean de la más alta teología»[304].

30 octubre

«La auténtica libertad es menos una conquista del hombre que un don gratuito de Dios, un fruto del Espíritu Santo recibido en la medida en que nos situemos en una amorosa dependencia frente a nuestro Creador y Salvador. [...] Nuestra libertad es proporcional al amor y a la confianza filial que nos unan a nuestro Padre del cielo»[305].

31 octubre

«Todo lo que entendemos de Dios no es todavía Dios; todo lo que podemos pensar, imaginar o sentir de Dios, ¡todavía no es Dios! Dios está infinitamente por encima de todo ello, de cualquier imagen, de cualquier representación, de cualquier percepción sensible»[306].

NOVIEMBRE

1 noviembre

«Para acceder a la santidad, el hombre no puede limitarse a seguir unos principios generales que valen para todo el mundo. Es preciso captar también lo que Dios le pide en especial, y que quizá no pide a ningún otro»[307].

2 noviembre

«Es por la fidelidad a la oración como entramos en una verdadera experiencia de Dios y un verdadero conocimiento de nosotros mismos. [...] La fidelidad a la oración transforma nuestra vida en profundidad»[308].

3 noviembre

«Debemos darnos cuenta de que, cuando perdonamos a alguien, si en cierto sentido le hacemos un bien a esa persona (liberándola de una deuda), ante todo nos hacemos un bien a nosotros, pues recobramos la libertad que el rencor y el resentimiento estuvieron a punto de hacernos perder»[309].

4 noviembre

«Solo la fe animada por el amor nos permite acceder al mismo Dios. Y esta fe no puede ejercerse más que a costa de una especie de desprendimiento de imágenes y de gustos sensibles. Por eso, en determinados momentos Dios se retira sensiblemente, de modo que solo actúe nuestra fe, mientras las otras facultades parecen incapaces de funcionar»[310].

5 noviembre

«Tenemos que convencernos de que cada instante, sea cual sea su contenido, está lleno de la presencia de Dios y supone la posibilidad de la comunión con Dios. Nuestra relación con Dios no se establece en el pasado ni en el futuro, sino mediante la aceptación de cada instante como el lugar de su presencia, el medio en el que se da a nosotros»[311].

6 noviembre

«Si le dejamos actuar libremente, Dios es infinitamente más capaz de hacernos felices de lo que somos nosotros, pues nos conoce y nos ama más de lo que nosotros nos conocemos y nos amamos»[312].

7 noviembre

«Dios puede transformar nuestro corazón hasta el punto de hacernos capaces de hacernos amar con un amor tan puro, tan gratuito y tan desinteresado como el suyo. Dios quiere concedernos que perdonemos como solo Él es capaz y que de este modo nos volvamos semejantes a Él, porque Dios nunca es tan Dios como cuando perdona»[313].

8 noviembre

«Durante el tiempo mismo de la oración, aparentemente no pasa gran cosa, pero porque hemos sido fieles, Dios nos instruye en secreto, deposita en nosotros cosas de las que no somos conscientes»[314].

9 noviembre

«La oposición entre nuestra voluntad y la voluntad de Dios se resuelve totalmente si nuestra relación con Dios llega a ser una relación de amor, y solamente puede resolverse así»[315].

10 noviembre

«Cuando el alma ya no piensa, no se ayuda de imágenes, no siente nada de particular, pero se mantiene sencillamente en una actitud de amorosa adhesión a Dios, incluso si esta alma no aprecia nada diferente, si tiene la impresión de no hacer nada y de que no ocurre nada, Dios se comunica secretamente con ella de un modo más profundo y más sustancial»[316].

11 noviembre

«La mansedumbre se opone [...] a la *rigidez*. Es la agilidad de quien acepta las cosas como son, quien no se empecina contra la realidad y los acontecimientos. La docilidad también de quien se deja guiar, de quien no es "cabezota", sino que se deja enseñar y conducir»[317].

12 noviembre

«El alma que camina con Dios se siente libre, siente que no tiene nada que temer, sino que, al contrario, todo le está sometido porque todo concurre a su bien, las circunstancias favorables como las desfavorables, el bien como el mal. Siente que todo le pertenece porque es hija de Dios, que nada puede limitarla porque Dios le pertenece»[318].

13 noviembre

«La paz interior no solo es la condición del combate espiritual, sino que suele ser *lo que está en juego*. Frecuentemente, el combate espiritual consiste precisamente en eso: en defender la paz interior contra el enemigo que se esfuerza por arrebatárnosla»[319].

14 noviembre

«Cuando se es pobre de corazón, siempre se es agradecido. No se considera nada como debido, pues uno se sabe indigno de cualquier cosa, desprovisto de todo mérito; se considera el bien que haya en nuestra vida como un regalo, y eso alimenta nuestro agradecimiento»[320].

15 noviembre

«Es preciso luchar para que la oración sea un hábito, que no sea una excepción, ese momento que se saca con gran esfuerzo de entre otras actividades, sino que forme parte del ritmo normal de nuestra vida y que su lugar en ese ritmo no se discuta jamás. La fidelidad [...] se verá extraordinariamente beneficiada»[321].

16 noviembre

«Cuando nos hallemos interiormente "oprimidos", muchas veces no habrá otra razón que esta: que nuestro corazón es mezquino en sus disposiciones hacia el prójimo y se niega a amar y perdonar con generosidad. Por el contrario, la generosidad en el amor y el perdón, la benevolencia en los juicios y la misericordia nos hacen "hijos del Altísimo" y nos empujan a navegar en un universo de gratuidad, en los océanos ilimitados del amor y la vida divina, donde las aspiraciones más profundas de nuestro corazón serán un día saciadas»[322].

17 noviembre

«La experiencia demuestra que para orar bien, para llegar a ese estado de oración pasiva [...] en el que

Dios y el alma se comunican profundamente, *es preciso que el corazón esté herido*. Herido de amor de Dios, herido de sed por el Amado. Solo a costa de una herida puede descender la oración al corazón y morar en él. Es preciso que Dios nos haya tocado en un nivel bastante profundo de nuestro ser para que no podamos pasarnos sin Él»[323].

18 noviembre

«La pobreza de corazón consiste en renunciar a todo dominio sobre el otro, y conformarse con esperarle humildemente, en la mansedumbre y la paciencia, sin presionarle. El otro no me pertenece más que en la medida en que él se entrega libremente. No puedo imponerle nada»[324].

19 noviembre

«A veces es tras una decepción en la relación con alguien de quien esperamos mucho (seguramente demasiado) como aprendemos a profundizar en la oración y en la intimidad con Dios, a esperar de Él esa plenitud, esa paz y esa seguridad que solamente su amor infinito puede garantizarnos. Cuando los demás nos defraudan, nos hacen pasar de un amor "idólatra" (un amor que espera demasiado) a un amor realista, libre y, por lo tanto, finalmente dichoso. El amor romántico siempre se verá amenazado por las decepciones; la caridad jamás, porque *no busca su propio interés* (1 Co 13, 5)»[325].

20 noviembre

«Tener hambre y sed de justicia es desear ardientemente que Dios sea más conocido y amado, es querer responder a la ingratitud de los hombres con un crecimiento en el amor. Querer acoger a Dios por todos los que no le acogen, amar a Dios por todos los que no le aman, confiar en él por todos los que no esperan en Él»[326].

21 noviembre

«María nos comunica su humildad, su confianza en Dios, su completa entrega a la voluntad divina, su silencio, su atención interior al Espíritu...»[327].

22 noviembre

«La compasión de los santos, por dispuesta que esté a compartir y aliviar la miseria, siempre es dulce, pacífica y reconfortante. Es un fruto del Espíritu Santo»[328].

23 noviembre

«Esta herida que produce el amor tendrá diferentes manifestaciones. Podrá ser deseo, búsqueda ansiosa del Amado, arrepentimiento y dolor por el pecado, sed de Dios, agonía de la ausencia; podrá ser dulzura que ensancha el alma; podrá ser una felicidad inefable; podrá ser pasión y ardiente llama. Hará de nosotros unos seres marcados por Dios para siempre, unos seres que no pueden tener otra vida que la vida de Dios en ellos»[329].

24 noviembre

«Por supuesto que los demás tienen la capacidad de privarme de muchas cosas en el plano humano y material, pero nadie puede quitarme lo esencial, el único bien verdadero y definitivo, que es el amor que Dios me da y el que yo puedo darle, y el crecimiento que de él se derivará»[330].

25 noviembre

«Aceptar que la vida cristiana es un combate: de fidelidad, de resistencia a las tentaciones, de conversión permanente, de luchas diversas al servicio de Dios y para anunciar el Evangelio»[331].

26 noviembre

«Amar a Dios no es una obligación, pues su esplendor y su belleza son tales que amarle es una felicidad infinita. Dios es el bien infinito, amarle no coarta nuestra voluntad, sino que ensancha infinitamente el corazón»[332].

27 noviembre

«En la oración, Dios se comunica con el alma y le transmite su deseo de que todos los hombres se salven. Nuestro corazón se identifica con el Corazón de Jesús, comparte su amor por su Esposa que es la Iglesia y su sed de dar su vida por ella y por toda la humanidad»[333].

28 noviembre

«Debemos convencernos de una vez por todas de que el hecho de que los demás sean pecadores, a mí no me impide convertirme en santo; que nadie me priva de nada y que, al atardecer de mi vida, cuando me encuentre cara a cara con Dios (que nunca permitirá que carezca de todo lo necesario para avanzar espiritual y humanamente), no cometeré la niñería de acusar a los demás de mi falta de progreso espiritual»[334].

29 noviembre

«La Escritura santa es parte de los recursos más ricos, los más bellos, los más eficaces a nuestra disposición. Ella posee una fuerza, una autoridad, que ninguna palabra humana tiene, y puede hacer mucho para alimentar nuestra confianza en Dios»[335].

30 noviembre

«Esta buena voluntad, esta disposición habitual de decir sí a Dios, tanto en las cosas grandes como en las pequeñas, es una condición *sine qua non* de la paz interior. Mientras no adoptemos esta determinación, continuaremos sintiendo en nosotros cierta inquietud y cierta tristeza [...]. El hombre que ha entregado su voluntad a Dios, en cierto modo ya le ha entregado todo. No podemos estar realmente en paz mientras nuestro corazón no encuentre su unidad; y el corazón solo estará unificado cuando todos nuestros deseos se subordinen al deseo de amar a Dios, de complacerle y de hacer su voluntad»[336].

DICIEMBRE

1 diciembre

«Por muy desastroso que haya sido mi pasado, por muy incierto que parezca mi futuro, *ahora,* con un acto de fe, de confianza y abandono, puedo ponerme en contacto con Dios: Dios eternamente presente, eternamente joven, eternamente nuevo, a quien pertenecen mi pasado y mi futuro, y que puede perdonarlo todo, purificarlo todo, renovarlo todo...»[337].

2 diciembre

«Si no busco establecer ninguna correlación ni proporcionalidad entre lo que doy y lo que recibo, si no reclamo nada a cambio de lo que he dado, siempre estaré contento. Recibiré entonces mucho, no en función de un mérito que presento, sino en función de la generosidad de Dios»[338].

3 diciembre

«Aunque a mi alrededor el mundo se desmoronase, nada me quitaría la posibilidad de rezar, de amar a Dios y de poner en Él toda mi esperanza»[339].

4 diciembre

«Para mantener la paz en medio de los avatares de la existencia humana, no tenemos más que una solución: apoyarnos únicamente en Dios con una confianza plena en Él, como ese *Padre del cielo que sabe que necesitáis todas esas cosas*" (Mt 6, 32)»[340].

5 diciembre

«El lugar que Dios ocupa en nuestro corazón es el que ocupa en el ritmo de nuestra vida, de nuestras costumbres. La oración ha de llegar a ser la respiración de nuestra alma»[341].

6 diciembre

«El don de la consolación puede concedérsenos por Dios a través de las personas que él pone en nuestro camino, pero, a veces, es él mismo quien se encarga. El consuelo es verdaderamente una acción propia del Espíritu Santo. No es simplemente algo emocional, sino más profundo: encontrar una paz, una fuerza, una esperanza»[342].

7 diciembre

«Avanzaremos de forma mucho más segura y eficaz si nos entregamos de lleno al bien de que somos capaces, a pesar de nuestros fallos, que inquietándonos exageradamente por estos»[343].

8 diciembre

«María es nuestra madre en el orden de la gracia. Como tal, nos comunica la plenitud de gracia que le es propia. Y yo creo que entre los dones que María concede a los que se consideran hijos suyos y que la "llevan a su casa" siguiendo el ejemplo del discípulo amado, el más valioso es la participación en su total disponibilidad a la gracia, en su capacidad a dejarnos mover por el Espíritu Santo»[344].

9 diciembre

«Si queremos que la oración dé sus frutos, hay que atenerse fielmente a un tiempo mínimo y no ceder a la tentación de recortarlo. Además de que la experiencia nos demuestra que, frecuentemente, el Señor nos visita y nos bendice en los últimos cinco minutos, mientras que durante el resto del tiempo hemos estado "sin sacar nada", como le sucedía a san Pedro en la pesca»[345].

10 diciembre

«El perdón es un acto de fe y de esperanza ante las heridas que hemos sufrido personalmente, pero también respecto a la persona a quien perdonamos»[346].

11 diciembre

«Solo hay un acto de libertad que podamos plantear con respecto a nuestro pasado: aceptarlo tal como

es y ponerlo confiadamente en manos de Dios
[...]. Sabemos muy bien que, independientemente
de cuáles sean nuestras previsiones, planes y
promesas, basta muy poco para que nada salga como
pensábamos. Es imposible programar la vida; solo
nos queda acogerla un instante tras otro»[347].

12 diciembre

«El Señor puede permitir que nos falten ciertas
cosas (a veces consideradas indispensables a ojos
del mundo), pero nunca nos dejará privados de lo
esencial: de su presencia, de su paz y de todo lo
que, según sus designios, es necesario para la plena
realización de nuestra vida»[348].

13 diciembre

«A fin de cuentas, lo único que nos pertenece
es el momento actual: solo en este medio nos
podemos plantear actos libres; solo en el instante
presente establecemos un auténtico contacto con
la realidad»[349].

14 diciembre

«San Juan de la Cruz afirma muy claramente que el
amor gratuito y desinteresado de Dios vivido en la
oración es lo que más aprovecha a la Iglesia, y del
que tiene mayor necesidad»[350].

15 diciembre

«Amar es perder libremente la voluntad, pero esta pérdida es ganancia, pues me da al Otro y me entrega al Otro. Amar a Dios es perderse para encontrar y poseer a Dios, y, a fin de cuentas, encontrarse con uno mismo en Él»[351].

16 diciembre

«Bienaventurado quien sabe descansar en Dios, en la confianza y la esperanza. Bienaventurado el que permite a Dios reposar en su corazón, quien no *fatiga a Dios* con su incredulidad»[352].

17 diciembre

«Mi pasado está en manos de la Misericordia divina, que puede sacar provecho de todo, tanto de lo bueno como de lo malo, y mi porvenir en manos de su Providencia, que no se olvidará de mí [...]. Vivir el instante presente ensancha el corazón»[353].

18 diciembre

«La escalera hacia la perfección no tiene más que un peldaño: el que subo *hoy*. Sin preocuparme ni del pasado ni del futuro, hoy me decido a creer, hoy me decido a poner toda mi confianza en Dios, hoy elijo amar a Dios y al prójimo»[354].

19 diciembre

«Dios está presente en todas partes y se puede rezar en cualquier lugar: en una habitación, en un oratorio, delante del Santísimo Sacramento, en el tren y hasta en la cola del supermercado. En la medida de lo posible, conviene buscar un lugar que favorezca el silencio y el recogimiento, la atención a la presencia de Dios. El lugar preferible es una capilla con el Santísimo Sacramento, sobre todo si está expuesto, para aprovechar la gracia de la presencia real del Señor»[355].

20 diciembre

«Esperar es *dar crédito*: una expresión que indica claramente cómo en la esperanza no hay pasividad, puesto que implica un acto»[356].

21 diciembre

«Cuando [la oración] se hace difícil, una mirada a una imagen nos permite situarnos de nuevo en la presencia de Dios. Así como hay un tiempo para la oración, debe haber un espacio dedicado a ella en cada casa»[357].

22 diciembre

«Te doy gracias, Dios mío, por todo mi pasado; creo firmemente que, de cuanto he vivido, Tú podrás sacar un bien; no quiero tener ningún pesar y desde hoy me decido a recomenzar desde cero con *exactamente la misma confianza que si toda mi historia pasada no estuviera hecha sino de fidelidad y santidad*. ¡Nada podrá agradar más a Dios que esta actitud!»[358].

23 diciembre

«La sabiduría del hombre únicamente puede producir obras a la medida humana; solo la sabiduría divina puede llevar a cabo cosas divinas, y a esa grandeza divina nos tiene destinados. Esta debe ser nuestra fuerza frente al problema del mal: no una respuesta filosófica, sino una confianza filial en Dios, en su Amor y en su Sabiduría»[359].

24 diciembre

«El hombre libre, el cristiano espiritualmente "maduro" —es decir, el que realmente se ha convertido en "hijo de Dios"— es aquel que ha experimentado su auténtica nada, su absoluta miseria: el que ha quedado "reducido a nada", pero en ese abismo ha acabado descubriendo una ternura inefable, el amor plenamente incondicional de Dios. Desde ese momento no tiene más que un solo apoyo y una única esperanza: la ilimitada misericordia del Padre; esta es su total seguridad»[360].

25 diciembre

«La pobreza es una dicha, pues nos hace dependientes de Dios y nos adhiere más completamente a él. El objetivo de la vida no es glorificarnos a nosotros mismos y estar satisfechos con nuestro proceder, sino glorificar la infinita misericordia de Dios, a la que debemos todo»[361].

26 diciembre

«Nuestra única verdadera seguridad, y no tenemos otra, es que la misericordia de Dios no tiene límites»[362].

27 diciembre

«Tenemos la gracia para sobrellevar el sufrimiento que nos corresponde *hoy* y ahora. Lo que normalmente acaba por hundirnos es la proyección en el futuro; no el dolor, sino la representación que nos hacemos de él»[363].

28 diciembre

«El Espíritu de Dios es un espíritu de paz, habla y actúa en la paz, nunca en la inquietud y en la agitación. Además, las mociones del Espíritu son toques delicados, que no se manifiestan en el estrépito, y solo pueden emerger en nuestra consciencia espiritual si existe en ella una zona de calma, de serenidad y de paz»[364].

29 diciembre

«El que acepta dejar todo en manos de Dios, darle el permiso para que dé y tome a su albedrío, encuentra una paz y una libertad interior inexplicables»[365].

30 diciembre

«En cada encuentro con una persona, sea cual sea su duración, debemos transmitir la sensación de estar disponibles en ese momento al cien por cien, y de no tener ninguna preocupación ni otra cosa que hacer que estar con esa persona, y vivir con ella lo que haya que vivir en ese instante, todo el tiempo que haga falta»[366].

31 diciembre

«La oración debe tender a cierta inmovilidad, a cierta estabilidad que le permita llegar a ser un auténtico intercambio de amor. Los movimientos del amor son actitudes estables porque comprometen a todo el ser en la acogida de Dios y en el don de uno mismo»[367].

NOTAS

1. *Faire la paix avec soi: 365 méditations quotidiennes.* Point vivre, 2014.
2. *En la escuela del Espíritu Santo,* ed. Rialp, p. 16.
3. *La libertad interior,* ed. Rialp, pp. 11-12.
4. *La paz interior,* ed. Rialp, p. 13.
5. *Tiempo para Dios,* ed. Rialp, pp. 13-14.
6. *La felicidad donde no se espera,* ed. Rialp, p. 32.
7. *La voie de la confiance et de l'amour,* ed. Béatitudes, p. 64.
8. *En la escuela del Espíritu Santo,* ed. Rialp, p. 17.
9. *La felicidad donde no se espera,* ed. Rialp, p. 170.
10. *La paz interior,* ed. Rialp, p. 35.
11. *La libertad interior,* ed. Rialp, p. 40.
12. *La libertad interior,* ed. Rialp, p. 81.
13. *La libertad interior,* ed. Rialp, p. 154-155.
14. *La voie de la confiance et de l'amour,* ed. Béatitudes, p. 88-89.
15. *La felicidad donde no se espera,* ed. Rialp, p. 146.
16. *Tiempo para Dios,* ed. Rialp, p. 97.
17. *La felicidad donde no se espera,* ed. Rialp, p. 44.
18. *La libertad interior,* ed. Rialp, p. 102.
19. *La paz interior,* ed. Rialp, p. 39.
20. *Tiempo para Dios,* ed. Rialp, p. 17.
21. *La libertad interior,* ed. Rialp, p. 104.
22. *En la escuela del Espíritu Santo,* ed. Rialp, p. 88.
23. *La voie de la confiance et de l'amour,* ed. Béatitudes, p. 149.
24. *La felicidad donde no se espera,* ed. Rialp, p. 180.
25. *Tiempo para Dios,* ed. Rialp, p. 60.
26. *La libertad interior,* ed. Rialp, p. 112.
27. *La paz interior,* ed. Rialp, p. 14.
28. *La libertad interior,* ed. Rialp, p. 129.
29. *En la escuela del Espíritu Santo,* ed. Rialp, p. 25.
30. *Tiempo para Dios,* ed. Rialp, p. 30.
31. *La felicidad donde no se espera,* ed. Rialp, p. 44.
32. *La libertad interior,* ed. Rialp, p. 37.

33. *La felicidad donde no se espera,* ed. Rialp, p. 181.

34. *Tiempo para Dios,* ed. Rialp, p. 66.

35. *La paz interior,* ed. Rialp, p.13.

36. *La libertad interior,* ed. Rialp, p. 106.

37. *La felicidad donde no se espera,* ed. Rialp, p. 37.

38. *La libertad interior,* ed. Rialp, p. 15.

39. *En la escuela del Espíritu Santo,* ed. Rialp, p. 19.

40. *Tiempo para Dios,* ed. Rialp, p. 15.

41. *La felicidad donde no se espera,* ed. Rialp, p. 42.

42. *La felicidad donde no se espera,* ed. Rialp, p. 128.

43. *La paz interior,* ed. Rialp, p. 41.

44. *Tiempo para Dios,* ed. Rialp, p. 17.

45. *En la escuela del Espíritu Santo,* ed. Rialp, p. 19.

46. *La libertad interior,* ed. Rialp, p. 15-16.

47. *La libertad interior,* ed. Rialp, p. 70.

48. *La felicidad donde no se espera,* ed. Rialp, p. 49-50.

49. *La paz interior,* ed. Rialp, p. 19.

50. *La libertad interior,* ed. Rialp, p. 83-84.

51. *La felicidad donde no se espera,* ed. Rialp, p. 51.

52. *La libertad interior,* ed. Rialp, p. 22.

53. *Tiempo para Dios,* ed. Rialp, p. 79-80.

54. *La felicidad donde no se espera,* ed. Rialp, p. 52.

55. *Tiempo para Dios,* ed. Rialp, p. 17.

56. *En la escuela del Espíritu Santo,* ed. Rialp, p. 21.

57. *La libertad interior,* ed. Rialp, p. 52.

58. *La voie de la confiance et de l'amour,* ed. Béatitudes, p. 68.

59. *La paz interior,* ed. Rialp, p. 19.

60. *Tiempo para Dios,* ed. Rialp, p. 19.

61. *En la escuela del Espíritu Santo,* ed. Rialp, p. 60.

62. *Tiempo para Dios,* ed. Rialp, p. 102.

63. *La libertad interior,* ed. Rialp, p. 23.

64. *La paz interior,* ed. Rialp, p. 56.

65. *En la escuela del Espíritu Santo,* ed. Rialp, p. 21-22.

66. *La libertad interior,* ed. Rialp, p. 81.

67. *Tiempo para Dios,* ed. Rialp, p. 20.

68. *La libertad interior,* ed. Rialp, p.23-24.

69. *La paz interior,* ed. Rialp, p. 37.

70. *La felicidad donde no se espera,* ed. Rialp, p. 42.

71. *La libertad interior,* ed. Rialp, p. 82.

72. *En la escuela del Espíritu Santo,* ed. Rialp, p. 22.

73. *Tiempo para Dios,* ed. Rialp, p. 21.

74. *La voie de la confiance et de l'amour,* ed. Béatitudes, p. 153.

75. *La libertad interior,* ed. Rialp, p. 110.

76. *La felicidad donde no se espera,* ed. Rialp, p. 87.

77. *La paz interior,* ed. Rialp, p. 47.

78. *La libertad interior,* ed. Rialp, p. 27.

79. *Tiempo para Dios,* ed. Rialp, p. 22.

80. *En la escuela del Espíritu Santo,* ed. Rialp, p. 46-47.

81. *La libertad interior,* ed. Rialp, p. 85.

82. *La felicidad donde no se espera,* ed. Rialp, p. 115.

83. *La libertad interior,* ed. Rialp, p. 30.

84. *Tiempo para Dios,* ed. Rialp, p. 23.

85. *En la escuela del Espíritu Santo,* ed. Rialp, p. 87-88.

86. *En la escuela del Espíritu Santo,* ed. Rialp, p. 24.

87. *La paz interior,* ed. Rialp, p. 45.

88. *La libertad interior,* ed. Rialp, p. 30-31.

89. *La voie de la confiance et de l'amour,* ed. Béatitudes, p. 69.

90. *La libertad interior,* ed. Rialp, p. 128.

91. *Tiempo para Dios,* ed. Rialp, p. 24.

92. *La libertad interior,* ed. Rialp, p. 31.

93. *La felicidad donde no se espera,* ed. Rialp, p. 97.

94. *En la escuela del Espíritu Santo,* ed. Rialp, p. 26.

95. *La libertad interior,* ed. Rialp, p. 58-59.

96. *La paz interior,* ed. Rialp, p. 33.

97. *En la escuela del Espíritu Santo,* ed. Rialp, p. 29.

98. *Tiempo para Dios,* ed. Rialp, p. 27.

99. *La libertad interior,* ed. Rialp, p. 32.

100. *La voie de la confiance et de l'amour,* ed. Béatitudes, p. 148.

101. *La felicidad donde no se espera,* ed. Rialp, p. 122.

102. *La libertad interior,* ed. Rialp, p. 110.

103. *Tiempo para Dios,* ed. Rialp, p, 29.

104. *La libertad interior,* ed. Rialp, p. 32.

105. *La paz interior,* ed. Rialp, p. 34.

106. *En la escuela del Espíritu Santo,* ed. Rialp, p. 30.

107. *La felicidad donde no se espera,* ed. Rialp, p. 186.

108. *La felicidad donde no se espera,* ed. Rialp, p. 64-65.

109. *Tiempo para Dios,* ed. Rialp, p. 29.

110. *La voie de la confiance et de l'amour,* ed. Béatitudes, p. 158.

111. *La libertad interior,* ed. Rialp, p. 33.

112. *La felicidad donde no se espera,* ed. Rialp, p. 166.

113. *En la escuela del Espíritu Santo,* ed. Rialp, p. 31.

114. *La libertad interior,* ed. Rialp, p. 33.

115. *La voie de la confiance et de l'amour,* ed. Béatitudes, p. 70.

116. *La paz interior,* ed. Rialp, p. 45-46.

117. *Tiempo para Dios,* ed. Rialp, p. 32.

118. *La felicidad donde no se espera,* ed. Rialp, p. 186-187.

119. *La libertad interior,* ed. Rialp, p. 34.
120. *Tiempo para Dios,* ed. Rialp, p. 32.
121. *En la escuela del Espíritu Santo,* ed. Rialp, p. 33.
122. *La paz interior,* ed. Rialp, p. 17.
123. *La libertad interior,* ed. Rialp, p. 40.
124. *La voie de la confiance et de l'amour,* ed. Béatitudes, p. 156.
125. *Tiempo para Dios,* ed. Rialp, p. 33.
126. *La libertad interior,* ed. Rialp, p. 152.
127. *En la escuela del Espíritu Santo,* ed. Rialp, p. 34.
128. *La libertad interior,* ed. Rialp, p. 65.
129. *La paz interior,* ed. Rialp, p. 38.
130. *La libertad interior,* ed. Rialp, p. 34.
131. *Tiempo para Dios,* ed. Rialp, p. 34.
132. *La felicidad donde no se espera,* ed. Rialp, p. 186.
133. *La libertad interior,* ed. Rialp, p. 35.
134. *La felicidad donde no se espera,* ed. Rialp, p. 154.
135. *En la escuela del Espíritu Santo,* ed. Rialp, p. 35.
136. *La voie de la confiance et de l'amour,* ed. Béatitudes, p. 138.
137. *Tiempo para Dios,* ed. Rialp, p. 35-36.
138. *La libertad interior,* ed. Rialp, p. 35.
139. *La felicidad donde no se espera,* ed. Rialp, p. 179.
140. *La paz interior,* ed. Rialp, p. 42.
141. *La voie de la confiance et de l'amour,* ed. Béatitudes, p. 185.
142. *La libertad interior,* ed. Rialp, p. 37.
143. *La paz interior,* ed. Rialp, p. 39.
144. *Tiempo para Dios,* ed. Rialp, p. 37-38.
145. *En la escuela del Espíritu Santo,* ed. Rialp, p. 39.
146. *Tiempo para Dios,* ed. Rialp, p. 103.
147. *La libertad interior,* ed. Rialp, p. 37.
148. *La voie de la confiance et de l'amour,* ed. Béatitudes, p. 72.
149. *La libertad interior,* ed. Rialp, p. 116.
150. *La felicidad donde no se espera,* ed. Rialp, p. 76.
151. *Tiempo para Dios,* ed. Rialp, p. 39.
152. *La libertad interior,* ed. Rialp, p. 124.
153. *La felicidad donde no se espera,* ed. Rialp, p. 204.
154. *La paz interior,* ed. Rialp, p. 44.
155. *La libertad interior,* ed. Rialp, p. 137.
156. *En la escuela del Espíritu Santo,* ed. Rialp, p. 63.
157. *Tiempo para Dios,* ed. Rialp, p. 40.
158. *La libertad interior,* ed. Rialp, p. 41.
159. *La paz interior,* ed. Rialp, p. 44.
160. *En la escuela del Espíritu Santo,* ed. Rialp, p. 39.
161. *La libertad interior,* ed. Rialp, p. 26.

162. *La voie de la confiance et de l'amour,* ed. Béatitudes, p. 183.
163. *La libertad interior,* ed. Rialp, p. 42.
164. *Tiempo para Dios,* ed. Rialp, p. 38.
165. *La paz interior,* ed. Rialp, p. 16.
166. *La libertad interior,* ed. Rialp, p. 151.
167. *La felicidad donde no se espera,* ed. Rialp, p. 128.
168. *La libertad interior,* ed. Rialp, p. 42.
169. *En la escuela del Espíritu Santo,* ed. Rialp, p. 39-40.
170. *La paz interior,* ed. Rialp, p. 48.
171. *La libertad interior,* ed. Rialp, p. 126.
172. *Tiempo para Dios,* ed. Rialp, p. 42.
173. *La libertad interior,* ed. Rialp, p. 42.
174. *La paz interior,* ed. Rialp, p. 48.
175. *La libertad interior,* ed. Rialp, p. 144.
176. *Tiempo para Dios,* ed. Rialp, p. 43.
177. *En la escuela del Espíritu Santo,* ed. Rialp, p. 87.
178. *La voie de la confiance et de l'amour,* ed. Béatitudes, p. 77.
179. *La paz interior,* ed. Rialp, p. 50.
180. *La felicidad donde no se espera,* ed. Rialp, p. 163.
181. *La libertad interior,* ed. Rialp, p. 141.
182. *Tiempo para Dios,* ed. Rialp, p. 45.
183. *La libertad interior,* ed. Rialp, p. 44.
184. *La paz interior,* ed. Rialp, p. 52.
185. *La felicidad donde no se espera,* ed. Rialp, p. 74-75.
186. *Tiempo para Dios,* ed. Rialp, p. 45.
187. *La libertad interior,* ed. Rialp, p. 44.
188. *La paz interior,* ed. Rialp, p. 54.
189. *En la escuela del Espíritu Santo,* ed. Rialp, p. 41.
190. *La voie de la confiance et de l'amour,* ed. Béatitudes, p. 155.
191. *La felicidad donde no se espera,* ed. Rialp, p. 111.
192. *La libertad interior,* ed. Rialp, p. 45.
193. *La paz interior,* ed. Rialp, p. 21.
194. *La felicidad donde no se espera,* ed. Rialp, p. 76.
195. *En la escuela del Espíritu Santo,* ed. Rialp, p. 43.
196. *Tiempo para Dios,* ed. Rialp, p. 103.
197. *La libertad interior,* ed. Rialp, p. 46.
198. *La paz interior,* ed. Rialp, p. 20.
199. *La felicidad donde no se espera,* ed. Rialp, p. 142.
200. *Tiempo para Dios,* ed. Rialp, p. 51-52.
201. *La voie de la confiance et de l'amour,* ed. Béatitudes, p. 78.
202. *La paz interior,* ed. Rialp, p. 54-55.
203. *La felicidad donde no se espera,* ed. Rialp, p. 125-126.
204. *En la escuela del Espíritu Santo,* ed. Rialp, p. 49.

205. *La felicidad donde no se espera,* ed. Rialp, p. 58.
206. *La libertad interior,* ed. Rialp, p. 47.
207. *La paz interior,* ed. Rialp, p. 53.
208. *La felicidad donde no se espera,* ed. Rialp, p. 138.
209. *Tiempo para Dios,* ed. Rialp, p. 53-54.
210. *La felicidad donde no se espera,* ed. Rialp, p. 104-105.
211. *La voie de la confiance et de l'amour,* ed. Béatitudes, p. 79-80.
212. *La paz interior,* ed. Rialp, p. 56.
213. *Tiempo para Dios,* ed. Rialp, p. 54.
214. *En la escuela del Espíritu Santo,* ed. Rialp, p. 40.
215. *La libertad interior,* ed. Rialp, p. 49.
216. *La paz interior,* ed. Rialp, p. 59.
217. *En la escuela del Espíritu Santo,* ed. Rialp, p. 50.
218. *Tiempo para Dios,* ed. Rialp, p. 54.
219. *La felicidad donde no se espera,* ed. Rialp, p. 179-180.
220. *La libertad interior,* ed. Rialp, p. 50.
221. *La paz interior,* ed. Rialp, p. 22.
222. *La felicidad donde no se espera,* ed. Rialp, p. 78.
223. *Tiempo para Dios,* ed. Rialp, p. 55.
224. *La libertad interior,* ed. Rialp, p. 51-52.
225. *La paz interior,* ed. Rialp, p. 62.
226. *En la escuela del Espíritu Santo,* ed. Rialp, p. 51.
227. *La felicidad donde no se espera,* ed. Rialp, p. 131.
228. *La voie de la confiance et de l'amour,* ed. Béatitudes, p. 83.
229. *La felicidad donde no se espera,* ed. Rialp, p. 204.
230. *La paz interior,* ed. Rialp, p. 66.
231. *Tiempo para Dios,* ed. Rialp, p. 55.
232. *La voie de la confiance et de l'amour,* ed. Béatitudes, p. 181.
233. *La libertad interior,* ed. Rialp, p. 52.
234. *La paz interior,* ed. Rialp, p. 67.
235. *En la escuela del Espíritu Santo,* ed. Rialp, p. 52.
236. *La voie de la confiance et de l'amour,* ed. Béatitudes, p. 115.
237. *La libertad interior,* ed. Rialp, p. 53-54.
238. *La felicidad donde no se espera,* ed. Rialp, p. 104.
239. *La paz interior,* ed. Rialp, p. 70.
240. *La felicidad donde no se espera,* ed. Rialp, p. 122.
241. *Tiempo para Dios,* ed. Rialp, p. 57.
242. *La libertad interior,* ed. Rialp, p. 55.
243. *La voie de la confiance et de l'amour,* ed. Béatitudes, p.83.
244. *En la escuela del Espíritu Santo,* ed. Rialp, p. 53.
245. *Tiempo para Dios,* ed. Rialp, p. 104.
246. *La libertad interior,* ed. Rialp, p. 56.
247. *La paz interior,* ed. Rialp, p. 71.

248. *Tiempo para Dios,* ed. Rialp, p. 57.

249. *La felicidad donde no se espera,* ed. Rialp, p. 147.

250. *La paz interior,* ed. Rialp, p. 72.

251. *La libertad interior,* ed. Rialp, p. 56.

252. *En la escuela del Espíritu Santo,* ed. Rialp, p. 53-54.

253. *La paz interior,* ed. Rialp, p. 75.

254. *Tiempo para Dios,* ed. Rialp, p. 58.

255. *La libertad interior,* ed. Rialp, p. 57-58.

256. *La paz interior,* ed. Rialp, p. 75.

257. *Tiempo para Dios,* ed. Rialp, p. 56.

258. *La felicidad donde no se espera,* ed. Rialp, p. 164.

259. *La felicidad donde no se espera,* ed. Rialp, p. 86.

260. *La libertad interior,* ed. Rialp, p. 58.

261. *La voie de la confiance et de l'amour,* ed. Béatitudes, p. 89.

262. *La paz interior,* ed. Rialp, p. 77.

263. *Tiempo para Dios,* ed. Rialp, p. 58-59.

264. *La felicidad donde no se espera,* ed. Rialp, p. 127.

265. *La libertad interior,* ed. Rialp, p. 67.

266. *En la escuela del Espíritu Santo,* ed. Rialp, p. 90.

267. *La felicidad donde no se espera,* ed. Rialp, p. 89.

268. *Tiempo para Dios,* ed. Rialp, p. 62-63.

269. *La libertad interior,* ed. Rialp, p. 162.

270. *En la escuela del Espíritu Santo,* ed. Rialp, p. 59.

271. *La paz interior,* ed. Rialp, p. 15.

272. *La libertad interior,* ed. Rialp, p. 90.

273. *La voie de la confiance et de l'amour,* ed. Béatitudes, p. 92.

274. *La libertad interior,* ed. Rialp, p. 59.

275. *Tiempo para Dios,* ed. Rialp, p. 64.

276. *La libertad interior,* ed. Rialp, p. 22.

277. *La voie de la confiance et de l'amour,* ed. Béatitudes, p. 94.

278. *Tiempo para Dios,* ed. Rialp, p. 67.

279. *La libertad interior,* ed. Rialp, p. 61.

280. *En la escuela del Espíritu Santo,* ed. Rialp, p. 88-89.

281. *La paz interior,* ed. Rialp, p. 53-54.

282. *Tiempo para Dios,* ed. Rialp, p. 101.

283. *La felicidad donde no se espera,* ed. Rialp, p. 120.

284. *La libertad interior,* ed. Rialp, p. 62.

285. *En la escuela del Espíritu Santo,* ed. Rialp, p. 89.

286. 286 *La felicidad donde no se espera,* ed. Rialp, p. 74.

287. *Tiempo para Dios,* ed. Rialp, p. 68.

288. *La libertad interior,* ed. Rialp, p. 64.

289. *La paz interior,* ed. Rialp, p. 23.

290. *Tiempo para Dios,* ed. Rialp, p. 69.

291. *La libertad interior,* ed. Rialp, p. 73.
292. *La felicidad donde no se espera,* ed. Rialp, p. 67.
293. *La libertad interior,* ed. Rialp, p. 64.
294. *La felicidad donde no se espera,* ed. Rialp, p. 97.
295. *La paz interior,* ed. Rialp, p. 63.
296. *Tiempo para Dios,* ed. Rialp, p. 69.
297. *La libertad interior,* ed. Rialp, p. 34.
298. *La felicidad donde no se espera,* ed. Rialp, p. 157.
299. *En la escuela del Espíritu Santo,* ed. Rialp, p. 57.
300. *La felicidad donde no se espera,* ed. Rialp, p. 203.
301. *La libertad interior,* ed. Rialp, p. 58.
302. *Tiempo para Dios,* ed. Rialp, p. 69.
303. *La felicidad donde no se espera,* ed. Rialp, p. 141-142.
304. *La paz interior,* ed. Rialp, p. 37.
305. *La libertad interior,* ed. Rialp, p. 17.
306. *Tiempo para Dios,* ed. Rialp, p. 75.
307. *En la escuela del Espíritu Santo,* ed. Rialp, p. 19.
308. *La voie de la confiance et de l'amour,* ed. Béatitudes, p. 120.
309. *La libertad interior,* ed. Rialp, p. 70-71.
310. *Tiempo para Dios,* ed. Rialp, p. 75.
311. *La libertad interior,* ed. Rialp, p. 90.
312. *La paz interior,* ed. Rialp, p. 40.
313. *La libertad interior,* ed. Rialp, p. 72-73.
314. *La voie de la confiance et de l'amour,* ed. Béatitudes, p. 124.
315. *En la escuela del Espíritu Santo,* ed. Rialp, p. 90.
316. *Tiempo para Dios,* ed. Rialp, p. 76.
317. *La felicidad donde no se espera,* ed. Rialp, p. 106-107.
318. *En la escuela del Espíritu Santo,* ed. Rialp, p. 89.
319. *La paz interior,* ed. Rialp, p. 18.
320. *La felicidad donde no se espera,* ed. Rialp, p. 59.
321. *Tiempo para Dios,* ed. Rialp, p. 88.
322. *La libertad interior,* ed. Rialp, p. 75.
323. *Tiempo para Dios,* ed. Rialp, p. 77.
324. *La felicidad donde no se espera,* ed. Rialp, p. 69-70.
325. *La libertad interior,* ed. Rialp, p. 76.
326. *La felicidad donde no se espera,* ed. Rialp, p. 136.
327. *En la escuela del Espíritu Santo,* ed. Rialp, p. 66.
328. *La paz interior,* ed. Rialp, p. 47.
329. *Tiempo para Dios,* ed. Rialp, p. 78.
330. *La libertad interior,* ed. Rialp, p. 77.
331. *La felicidad donde no se espera,* ed. Rialp, p. 201.
332. *En la escuela del Espíritu Santo,* ed. Rialp, p. 90-91.
333. *Tiempo para Dios,* ed. Rialp, p. 86.

334. *La libertad interior,* ed. Rialp, p. 78.
335. *La voie de la confiance et de l'amour,* ed. Béatitudes, p. 106.
336. *La paz interior,* ed. Rialp, p. 24.
337. *La libertad interior,* ed. Rialp, p. 91.
338. *La felicidad donde no se espera,* ed. Rialp, p. 64.
339. *La libertad interior,* ed. Rialp, p. 79.
340. *La paz interior,* ed. Rialp, p. 28.
341. *Tiempo para Dios,* ed. Rialp, p. 89.
342. *La felicidad donde no se espera,* ed. Rialp, p. 97.
343. *La libertad interior,* ed. Rialp, p. 83.
344. *En la escuela del Espíritu Santo,* ed. Rialp, p. 66.
345. *Tiempo para Dios,* ed. Rialp, p. 90.
346. *La felicidad donde no se espera,* ed. Rialp, p. 144.
347. *La libertad interior,* ed. Rialp, p. 89.
348. *La paz interior,* ed. Rialp, p. 33-34.
349. *La libertad interior,* ed. Rialp, p. 90.
350. *Tiempo para Dios,* ed. Rialp, p. 84.
351. *En la escuela del Espíritu Santo,* ed. Rialp, p. 91.
352. *La felicidad donde no se espera,* ed. Rialp, p. 186.
353. *La libertad interior,* ed. Rialp, p. 91-92.
354. *La libertad interior,* ed. Rialp, p. 92.
355. *Tiempo para Dios,* ed. Rialp, p. 90.
356. *La libertad interior,* ed. Rialp. p. 110.
357. *Tiempo para Dios,* ed. Rialp, p. 90-91.
358. *La libertad interior,* ed. Rialp, p. 96-97.
359. *La paz interior,* ed. Rialp, p. 35-36.
360. *La libertad interior,* ed. Rialp, p. 158.
361. *La felicidad donde no se espera,* ed. Rialp, p. 66.
362. *La voie de la confiance et de l'amour,* ed. Béatitudes, p. 169.
363. *La libertad interior,* ed. Rialp, p. 94.
364. *En la escuela del Espíritu Santo,* ed. Rialp, p. 37.
365. *La paz interior,* ed. Rialp, p. 40.
366. *La libertad interior,* ed. Rialp, p. 103.
367. *Tiempo para Dios,* ed. Rialp, p. 94.

ESTE LIBRO, PUBLICADO POR
EDICIONES RIALP, S. A.,
MANUEL URIBE 13-15, 28033 MADRID,
SE TERMINÓ DE IMPRIMIR EN
ANZOS, S. L. FUENLABRADA (MADRID),
EL DÍA 16 DE FEBRERO DE 2026.